AF340279

RELATION PAR LETTRES

DE

L'AMERIQUE SEPTENTRIONALLE

(ANNÉES 1709 ET 1710)

ÉDITÉE ET ANNOTÉE

PAR

Le P. Camille de ROCHEMONTEIX

DE LA COMPAGNIE DE JÉSUS

PARIS

LETOUZEY ET ANÉ, ÉDITEURS

17, RUE DU VIEUX-COLOMBIER

1904

RELATION PAR LETTRES

DE

L'AMÉRIQUE SEPTENTRIONALLE

12
1540

RELATION PAR LETTRES

DE

L'AMÉRIQUE SEPTENTRIONALLE

(ANNÉES 1709 ET 1710)

ÉDITÉE ET ANNOTÉE

PAR

Le P. Camille de ROCHEMONTEIX

DE LA COMPAGNIE DE JÉSUS

DÉPÔT LÉGAL
6.3
1904

PARIS

LETOUZEY ET ANÉ, ÉDITEURS

17, RUE DU VIEUX-COLOMBIER

—

1904

PRÉFACE

La *Relation par lettres de l'Amerique septen-trionalle* n'a jamais été imprimée, à notre con-naissance. Le *permis d'imprimer* date cependant du 25 août 1725 ; il est ainsi libellé : « J'ay leü par ordre de Monsgr le Garde des sceaux un manus-crit intitulé : *Relation par lettres de l'Amerique septentrionalle.* Comme l'autheur de ces lettres paroit avoir esté instruit par luy mesme, des lieux, des mœurs et des coutumes qu'il descript, j'ay cru que l'on pouvoit en permettre l'impres-sion. Fait ce 25 aoust mil sept cent vingt cinq. »

Ce *permis d'imprimer,* inséré entre la der-nière *Lettre* et la *Table des matières,* est signé par Moreau de Mautour, littérateur et anti-quaire connu des érudits, né en 1654, et mort en 1737, admis en 1701 à l'Académie des Ins-criptions.

La *Relation* comprend quatre-vingt-neuf

lettres, sans signature. Les cinquante-six premières sont datées de Québec, quarante-six écrites en 1709 et dix en 1710 ; les suivantes ne portent ni lieu d'origine ni date de l'année. Le mois n'est indiqué sur aucune lettre ; il est laissé en blanc.

A qui sont-elles adressées? L'auteur ne le dit pas. On lit seulement au début de la première lettre : « M^r, l'envie que vous me marqués avoir de connoître particulierement cette partie de l'Amerique septentrionalle m'engage à faire ce que vous souhaités de moy ; je m'estimeray heureux si je puis y reussir. Il faudra vous parler de bien des terres differentes des peuples de cette colonie, de plusieurs nations, lesquelles, quoyque sauvages, ne laissent pas d'avoir toutes de l'esprit et de la politique pour leurs interets. Comme cet ouvrage ne laissera pas d'estre long, je le partageray en plusieurs lettres de peur de vous ennuyer, et je tacheray en même temps de les rendre les plus intelligibles qu'il me sera possible. »

L'auteur s'adresse évidemment à un monsieur quelconque ; il adopte le genre épistolaire, sans doute, comme il le prétend, pour ne pas *ennuyer* son correspondant et pour s'exprimer d'une manière *plus intelligible* ; mais aussi, croyons-nous, pour raconter avec plus de facilité, avec plus d'aisance et de liberté, des mœurs d'une nature parfois très délicate, des coutumes bizarres, des scènes grotesques. Il y a, dans ces lettres toujours très courtes et sans apprêts, un résumé succinct et complet du sujet qu'elles traitent. Il n'est pas malaisé de s'apercevoir que l'auteur sait par lui-même et non par ouï dire, qu'il a vu, examiné et étudié, qu'il a vécu au milieu des peuples et dans les régions dont il parle avec plus de détails; il nous donne une photographie exacte des choses et des personnes qu'il décrit, des pays où il a séjourné. Il ne ressemble en rien au touriste qui passe en curieux et en amateur, jette ici et là un coup d'œil rapide et superficiel, interroge, note, puis livre au lecteur un récit de ses voyages, agrémenté d'historiettes divertissantes, de faits ou d'aventures plus ou moins fantaisistes, de renseignements ou peu exacts, ou faux, ou incomplets.

Rien, dans la *Relation de l'Amerique septentrionalle,* qui trahisse l'*homme du monde,* ou, comme on dirait aujourd'hui, le *laïque.* Ces lettres sont, à n'en pas douter, d'un missionnaire; ce qui y est raconté des missions catholiques le montre à l'évidence, et ce missionnaire est un jésuite. Le jésuite s'y révèle à chaque page. Il eût signé : *un missionnaire jésuite,* que cette signature n'eût rien appris au lecteur.

Mais, ce jésuite, quel est-il ? Écartons d'abord le P. Joseph-François Lafitau, auteur des *Mœurs des sauvages amériquains* et du *Mémoire concernant la précieuse plante Ging-Seng,* découverte en Canada par ce missionnaire. Né à Bordeaux le 1er janvier 1681, il partit pour le Canada vers la fin de 1712, et y séjourna près de cinq ans au Sault-Saint-Louis.

Le P. Pierre Laure, né en 1688 à Orléans, débarqua à Québec avec le P. Lafitau. L'un et l'autre n'ont pu rédiger une relation faite plusieurs années avant leur arrivée.

Le P. Gabriel Marest est un des missionnaires du Canada qui ont le plus travaillé et le plus souffert dans cette mission lointaine. « Les plus rudes travaux lui échurent en partage, » dit le protestant Bancroft (t. ii, p. 838). « Il se livre un peu trop à son zèle, écrivait un de ses confrères, le P. Bineteau ; il travaille excessivement le jour et veille la nuit pour se perfectionner dans la langue... Il ne vit que d'un peu de blé cuit, où il mêle quelquefois un peu de petites fèves, et il mange un melon d'eau, qui lui sert de boisson. » Ce vaillant apôtre débarquait à Québec en 1694, et, la même année, il faisait partie de l'expédition navale organisée contre les Anglais de la baie d'Hudson. Il nous a laissé le récit de cette campagne du 10 août 1694 au 24 août 1695[1]. Battus en 1694, les Anglais reprirent leur revanche en 1696, firent prisonniers les Français et le P. Marest, et les conduisirent en France. Après la paix de Ryswick, le P. Marest revint à Québec, et partit aussitôt pour la mission des Outaouais, où il resta deux ans, et de là il se rendit chez les Illinois, qu'il évangélisa jusqu'à sa mort (sept. 1715). Ce religieux avait donc vécu au milieu des nations dont il est plus longuement parlé dans la *Relation par lettres;* en outre, nous avons de lui des lettres insérées dans les dixième et onzième recueils des *Lettres édifiantes* et ailleurs, qui nous montrent la parfaite connaissance qu'il avait des peuplades sauvages. Mais est-il l'auteur de la *Relation?* Nous ne le croyons pas, attendu qu'il ne se trouvait pas à Québec en 1709 et 1710.

Écartons encore le grand historien de la Nouvelle-France, le P. de Charlevoix, qui arriva à Québec en 1705 et rentra en France dans le courant de l'année 1709; il ne peut, du moins,

---

[1] Voir, après la préface, la note n° I.

être l'auteur des lettres datées de 1710. Et puis, ce jeune professeur de grammaire au collège de Québec, né le 29 octobre 1682, ne visita jamais, à cette époque, les missions et les peuplades dont il est question dans la *Relation de l'Amerique*. Faut-il ajouter que le style de la *Relation* ne ressemble en rien à celui de Charlevoix? De plus, le censeur, Moreau de Mautour, a retouché ici et là le style du manuscrit; se serait-il permis de le faire, si l'auteur eût été Charlevoix, qui s'était déjà fait un nom comme écrivain, en 1725, et habitait alors au collège Louis-le-Grand?

Néanmoins, si le P. de Charlevoix n'a pas composé la *Relation,* il l'a connue. A n'en pas douter, il l'avait sous les yeux quand il rédigeait le *Journal historique* de son voyage fait par ordre du roi dans l'Amérique septentrionale. Il est vrai qu'il ne l'a pas nommée dans la liste des *Auteurs* et des *Manuscrits* qu'il a consultés pour la composition de son ouvrage; mais faut-il en conclure qu'il ne l'avait pas en sa possession? Assurément non, car il lui est arrivé plus d'une fois, dans ses autres livres d'histoire, de ne pas citer certains manuscrits, œuvres de ses confrères; il les avait cependant largement exploités. Ce silence paraîtra peut-être regrettable aux yeux de quelques historiens; il n'étonnera nullement ceux qui connaissent les relations entre les membres d'une même communauté ou d'une même société religieuse.

Quoi qu'il en soit, il est impossible de ne pas reconnaître la *Relation de l'Amerique septentrionalle* dans le *Journal historique* de Charlevoix. Le style et les développements du *Journal* diffèrent de ceux de la *Relation;* le fond est absolument le même dans les deux. Il se retrouve même dans la description des peuples et des pays que le P. de Charlevoix n'a jamais visités. Ainsi, dans son voyage de 1720 à 1723 à travers l'Amérique du Nord, jamais il n'a pénétré chez les Esquimaux ni chez les nations échelonnées au nord du Saint-Laurent, du Labrador au lac des Assiniboines, en passant par la baie Saint-James et la baie d'Hudson. Il ne s'étend pas moins très longuement sur les mœurs et les coutumes de ces sauvages, particulièrement sur celles des Esquimaux; et ce qu'il en dit, ce qu'il écrit de leurs pays, est presque de tout point conforme à ce que nous lisons dans la *Relation.* Détail assez important à noter : le commencement et la fin de toutes les lettres du *Journal* ressemblent singulièrement au début et à la fin de chaque lettre de la *Relation.*

Nous pourrions multiplier les traits de ressemblance. Citons-en encore deux : le *Journal* est rédigé, comme la *Relation,* en forme de lettres, et Charlevoix et l'auteur du *manuscrit* expliquent l'un et l'autre, dès la première lettre, pourquoi ils adoptent le style épistolaire.

Mais la *Relation,* écrite en 1709 et 1710, a servi, sans nul doute, à la rédaction du *Journal,* qui n'a pu être composé qu'une douzaine d'années plus tard.

Après la mort du P. de Charlevoix (1761), le *manuscrit* fut déposé aux archives du collège Louis-le-Grand, à Paris. C'est là que nous retrouverons bientôt ce petit in-quarto de trois cent vingt-deux pages, y compris la table des matières.

L'in-quarto est dans un parfait état de conservation ; l'écriture est grande, belle, très nette ; on reconnaît aisément celle d'un copiste. Ici et là, mais rarement, des phrases inachevées, des mots et des noms propres différemment orthographiés, des noms de peuplades ou de villes transcrits d'une main maladroite et illettrée, enfin quelques corrections de la main du censeur, Moreau de Mautour : preuves assez claires que l'écriture n'est pas de l'auteur.

Quel est donc l'auteur de ces *lettres ?* Nous

avons parcouru la liste des apôtres, vivant à Québec ou dans les missions du Canada en 1709 et 1710, époque où les lettres ont été écrites ; nous avons étudié avec le plus grand soin les titres de chacun d'eux à la paternité de la *Relation,* et, après examen minutieux et détaillé, nous croyons que le P. Antoine Silvy en est le véritable auteur. Lui seul réunit toutes les conditions voulues ; lui seul a pu la composer. Les autres jésuites employés dans la mission de la Nouvelle-France au commencement du XVIIIe siècle, ou n'étaient pas à Québec en 1709 et 1710, ou n'ont pas habité chez les peuplades sauvages ni vu les pays dont il est question dans le *manuscrit,* ou ils n'ont jamais fait preuve du talent et des connaissances indispensables pour un pareil travail.

Le P. Antoine Silvy, né à Aix en Provence, le 16 octobre 1638, fit ses études classiques au collège de cette ville, dirigé par les Pères de la Compagnie de Jésus. D'un esprit plus solide que brillant, d'un caractère ferme et décidé, d'un tempérament robuste, il sentit de bonne heure en lui une impulsion énergique vers les missions lointaines. La Nouvelle-France l'attirait spécialement. En 1658, il sollicita son entrée dans la Compagnie et l'obtint. Mais ses supérieurs, avant de se rendre à ses désirs d'apostolat, le soumirent pendant des années aux épreuves d'usage. Noviciat, professorat dans les collèges de Grenoble, d'Embrun et de Bourg-en-Bresse, études de philosophie et de théologie, il passa par toutes les préparations et formations que la Société exige de ses religieux, et arriva enfin, en 1673, à Québec, d'où il fut envoyé, l'année suivante, aux missions Outaouaises. Établi à Michillimakinac, il étendit de là son action apostolique aux tribus sauvages situées au sud du lac Michigan et entre les grands lacs et le Mississipi. Cet apostolat de quatre ans lui permit de connaître la vie et les mœurs des Outaouais, des Cristinos, des Témiscamingues, des Sauteurs, des Amikoués, des Sakis, des Puants, des Renards, des Mascoutins, des Miamis, des Illinois et d'autres tribus moins connues.

En 1678, ce missionnaire *d'un mérite consommé*, selon l'expression de l'historien La Potherie[1], se rend à la mission de Tadoussac, alors dirigée par le P. de Crépieul. Cette mission comprenait, dans son vaste rayon : les Esquimaux, les Papinachois, les Montagnais, les Algonquins, les Outabitibecs, les Mistassins,

---

[1] *Histoire de l'Amérique septentrionale*, t. i, p. 147.

et toutes les petites peuplades répandues sur le Saguenay, le lac Saint-Jean et la baie Saint-James, du fleuve Saint-Laurent à la baie d'Hudson, du Labrador à l'est des grands lacs. Pendant des années, le P. Silvy évangélise ces différentes nations, allant de l'une à l'autre. Au mois de mars 1686, il accompagne à la baie d'Hudson, en qualité d'aumônier, un petit corps de troupes composé de Canadiens. Comme il connaissait ce pays où il avait fondé une mission sauvage, « ses bons conseils, dit La Potherie[1], servirent beaucoup au chevalier de Troyes pendant le séjour que cet officier fit dans ce quartier[2]. » Il le suivait partout, sans souci des dangers : « Le R. P. Silvie, écrit le chevalier de Troyes dans sa *Relation*, me suivait pas à pas et courut les mêmes dangers. » Plus tard, le P. Silvy accompagnait encore à la même baie, mais par

---

[1] *Histoire de l'Amérique septentrionale*, t. i, p. 147.

[2] Le chevalier de Troyes a écrit une relation assez étendue de cette expédition. Elle a pour titre : *Relation et Journal du Voiage du Nort par un detachement de cent hommes, commandés par le sieur de Troyes en mars 1686*. Noms des officiers du détachement : « Aumônier : le R. P. Silvie, jesuitte ; commendant, le sieur de Troyes ; lieutenant en second, le sieur d'Hyberville ; major, le sieur de Maricourt; aide-major, le sieur de la Noüe ; commissaire des vivres, le sieur Lallement, destiné encore pour commender un vaisseau, en cas que l'on en trouvast un capable de venir à Quebecq; capitaine des guides : le sieur de Saint-Germain.» (La *Relation* du chevalier de Troyes se trouve à Paris, Bibl. nat., fonds Clairambault, 1016.)

mer cette fois, les troupes canadiennes; et, en 1694, il rentrait définitivement au collège de Québec, où il exercera successivement jusqu'à sa mort les fonctions de professeur de mathématiques, de ministre, de Père spirituel et de consulteur de la mission.

Les archives générales de la Compagnie de Jésus conservent précieusement un bon nombre de lettres de ce missionnaire. Au lac Saint-Jean, il avait composé (1678) ses *Catecheses* qui furent traduites en français par le P. Godefroy Coquart. Quelques années après (1686), il écrivit le récit de l'expédition commandée par le chevalier de Troyes contre les Anglais de la baie d'Hudson[1]. Nous avons encore de lui une lettre écrite des Mascontins (1676), et la Bibliothèque nationale conserve son *Journal* depuis Belle-Isle jusqu'à Port-Nelson[2].

Pendant ses dernières années au collège de Québec, le missionnaire put étudier de près les

---

[1] Ce récit est daté du 30 juillet 1686. Mgr de Saint-Vallier le cite dans l'*Estat présent de l'Église au Canada*, et le fait précéder de cette réflexion : « Le P. Silvy, jésuite, qui, de missionnaire des sauvages, était devenu dans cette occasion l'aumônier d'un petit corps de troupe composé de Canadiens, a si bien ramassé en peu de mots tout ce qui s'y est fait de plus remarquable, que j'ai cru devoir transcrire sa lettre du trentième juillet 1686. »

[2] Nous donnons en entier, à cause du grand intérêt qu'il présente, le *Journal* du P. Silvy, note II, à la fin de cette préface.

Canadiens, leur caractère, leurs habitudes de vie, leurs pratiques religieuses, leurs vertus guerrières. C'est là aussi qu'il apprit à connaître plus intimement les Abenakis et les Iroquois, alors en relations fréquentes avec les Français de Montréal, de Trois-Rivières et de Québec.

Parmi les jésuites de la Nouvelle-France, nous n'en trouvons pas un seul de cette époque qui ait été à même de connaître et ait connu à fond, comme le P. Silvy, les Canadiens français, les sauvages, tout cet immense pays de l'Amérique du Nord. Aussi eût-il été regrettable de le voir quitter la vie, emportant au plus secret de lui-même les observations personnelles d'un apostolat de près de quarante ans. Nous croyons donc que ses supérieurs l'engagèrent à les mettre par écrit. Peut-être aussi s'y détermina-t-il de sa propre initiative pour occuper utilement les années qui lui restaient à vivre. En 1709, il comptait soixante et onze ans, mais il en portait davantage, tant le corps était brisé par les infirmités. L'âme seule restait vaillante ; ses souvenirs étaient précis, très nets. Éloigné de la direction des études au collège et du ministère des âmes, la charge de *ministre* de la maison qu'il exerçait depuis le mois d'oc-

2

tobre 1699 ne l'absorbait pas au point de lui interdire tout travail intellectuel. La rédaction des lettres sur l'Amérique septentrionale occupa les trois dernières années de sa vie. Ce fut le suprême effort de ce zélé missionnaire.

Il faut bien le dire, ces lettres, monument du plus haut intérêt pour l'histoire du Canada, sont écrites sous l'influence de l'âge et par un religieux auquel un long séjour à l'étranger a fait oublier les délicatesses et même les règles de la langue maternelle. La pensée, quoique claire, se dégage souvent pénible et laborieuse; le style, sans apprêts, est loin d'être correct. Rien, dans la *Relation*, pour la pose et pour l'effet; l'auteur n'a qu'un but : dire ce qu'il a vu, ce qu'il a appris, ce qu'il sait. C'est le récit d'un témoin oculaire, judicieux, observateur, absolument digne de foi.

Si l'on compare la *Relation* avec le *Journal* du P. Silvy, on y remarquera la même manière d'écrire et les mêmes incorrections de style; mais, dans la *Relation*, il y a moins de vie, plus de lourdeur dans la phrase : c'est l'effet de l'âge. Il y a près de vingt ans que l'auteur a écrit son *Journal*. Ce *Journal* contient en outre quelques lignes sur les Esquimaux, où l'on trouve justement, dans leur physionomie et leur caractère,

les traits que relève la *Relation*. N'y a-t-il pas
là une nouvelle preuve que la *Relation* est du
P. Silvy pour le fond et la rédaction?

Le P. Antoine Silvy mourut le 8 mai 1711[1].
Neuf ans plus tard, au mois de septembre 1720,
le P. de Charlevoix débarquait à Québec pour
y recueillir les documents nécessaires à la composition de son *Histoire et description générale
de la Nouvelle-France*. On lui remit sans doute,
avec d'autres manuscrits, la *Relation par lettres
de l'Amerique septentrionalle*, cette mine précieuse qu'il devait exploiter si largement dans
la rédaction du *Journal d'un voyage*, et même,
au cours de son histoire, dans la peinture du
caractère, des mœurs et des coutumes des sauvages. Ces sauvages, il ne les connaissait pas
pour la plupart avant son voyage à travers
l'Amérique du Nord, et ce n'est pas pendant ce
voyage qu'il apprit à les connaître. Il ne vit
même qu'un petit nombre de tribus.

Il porta en France, au collège Louis-le-Grand,
la *Relation* du P. Silvy; il l'utilisa et la plaça
ensuite dans un des rayons de la bibliothèque
des manuscrits. C'est là qu'elle reposa en paix

---

[1] La date de sa mort est le 8 mai dans le catalogue des *Defuncti
S. J.* Ailleurs on trouve la date du 12 octobre; cette dernière est
adoptée par la *Bibliothèque de la Compagnie de Jésus*, art. Silvy.

jusqu'en 1765, époque à laquelle commencèrent ses aventures; car elle eut ses aventures.

Avant de les raconter, rappelons quelques faits historiques[1].

On sait que le Parlement de Paris supprima, le 6 août 1762, la Compagnie de Jésus en France, comme enseignant toutes les hérésies et professant un institut contraire aux lois divines et humaines. L'Église, seule juge en la matière, ignorait ces hérésies et avait approuvé l'institut. Peu importe! le Parlement, érigé en concile, et composé de magistrats gallicans, jansénistes et voltairiens, en savait bien plus long que le concile de Trente, qui déclare « ne vouloir rien innover dans les constitutions de la société de Jésus, ni empêcher que les clercs réguliers de cette société ne servent le Seigneur et son Église, *selon leur pieux institut,* qui a été approuvé par le saint-siège »[2]. Vingt papes ont donné leur approbation à cet institut.

---

[1] Consulter sur les renseignements que nous allons donner : A) Une étude remarquable du P. J. Brucker, qui a paru dans les *Études* (revue fondée par des Pères de la Compagnie de Jésus) du 20 août 1901, sous ce titre : « Épisode d'une confiscation des biens congréganistes (1762), des manuscrits des jésuites de Paris. » — B) *Manuscrits relatifs à l'histoire de France,* conservés dans la bibliothèque de sir Thomas Phillipps, à Cheltenham, par H. Omont, p. 2 et 3. — C) *Bibliothèque de l'École des Chartes,* 1888, t. XLIX, p. 694-703.

[2] « Sancta Synodus non intendit aliquid innovare aut prohibere quin religio clericorum societatis Jesu, *juxtà pium eorum institutum,*

Le compte rendu des constitutions de la Compagnie de Jésus avait été présenté à la cour du Parlement le 17 avril 1761, par un personnage resté tristement célèbre par son ambition démesurée et peu justifiée, son esprit haineux et jaloux, l'abbé Henri-Philippe Chauvelin, conseiller du roi en la Grand'Chambre de la Cour.

Un an plus tard, le 23 avril 1762, le Parlement décrétait la saisie des biens des jésuites; le 6 août, il prescrivait la vente de leur mobilier, mais avec sursis pour les *livres* et *manuscrits,* dont il devait être fait préalablement un inventaire approfondi. Le 5 juillet de l'année suivante, il chargeait par un arrêt spécial les bénédictins de Saint-Germain-des-Prés de faire un catalogue ou notice raisonnée des *manuscrits des trois maisons des ci-devant soi-disant jésuites,* c'est-à-dire *du collège de Clermont* (Louis-le-Grand), *de la maison professe et du noviciat;* enfin, par ce même arrêt du 5 juillet, il ordonnait un inventaire préalable de toutes les pièces manuscrites avant leur remise aux bénédictins.

L'abbé Chauvelin fut désigné pour présider à cet inventaire. Son animosité opiniâtre contre

a sancta sede approbatum, Domino et ejus Ecclesiæ inservire possit. » (Conc. Trid., sess. XXV, cap. XVI.)

les jésuites lui valut cet honneur. Il s'acquitta
du reste de sa fonction avec un grand zèle :
vingt-neuf vacations lui suffirent pour accomplir sa rude tâche ; commencées le 1er août, elles
prirent fin le 2 septembre. Dans chacune des
vacations, Chauvelin était accompagné d'un
greffier et d'un huissier du Parlement. La fonction d'huissier fut remplie constamment par
Pierre-Jacques Luzarche, et celle de greffier,
d'abord par Me Timoléon Ysabeau, puis par
Gabriel-Jacques Mesnil. A la première page, le
greffier marquait chaque volume, manuscrit ou
cahier qu'on lui présentait, de cette formule
sacramentelle, suivie de la signature : *Paraphé
au désir de l'arrêt du 5 juillet 1763.*

Son travail terminé, Chauvelin transporta les
manuscrits à l'abbaye de Saint-Germain-des-
Prés afin d'y être catalogués. Le catalogue parut
en 1764 : il contenait neuf cent soixante-douze
numéros, dont huit cent cinquante-six pour le
collège de Clermont et cent seize pour la maison
professe. Les manuscrits rares et de grande
valeur figurent seuls dans ce catalogue.

Tous les détails précédents étant nécessaires
pour l'intelligence des faits qui vont suivre,
nous avons cru devoir les résumer ici. On les
trouvera plus amplement exposés dans l'article

déjà signalé du P. Brucker : *Épisode d'une confiscation des biens congréganistes*[1].

Revenons à la *Relation par lettres de l'Amerique septentrionalle*.

L'inventaire manuscrit et inédit de Chauvelin a été conservé, et la *Relation* figure dans la vacation du 6 août en ces termes : « Un volume broché en papier doré de 156 feuillets, intitulé : *Relation par lettres de l'Amerique septentrionalle*. » A la première page, on lit en marge : *Paraphé au désir de l'arrest du 5 juillet 1763. Signé : Mesnil.* En outre, dans le catalogue de vente des *Manuscrits du collège de Clermont,* le volume broché est catalogué sous le numéro 827. Ce manuscrit provient donc du collège de Clermont ou Louis-le-Grand[2].

Venue de Québec à Paris, où va désormais aller la *Relation?* Ses pérégrinations sont assez curieuses pour intéresser les amateurs de manuscrits ; nous devons les raconter.

Au mois de novembre 1764, les manuscrits de Louis-le-Grand étaient mis en vente par les nouveaux administrateurs de ce collège, membres de l'Université. Celle-ci s'était fait attribuer, par

---

[1] *Études* de 1901, p. 506-509.

[2] Les manuscrits du collège occupèrent Chauvelin vingt et un jours (1er-22 août, 1er et 2 septembre, dimanches et fêtes non comptés). Voir l'article du P. J. Brucker, p. 508.

un arrêt du 30 août 1763, une partie des bâtiments pour y établir son *chef-lieu*, c'est-à-dire son administration intérieure.

D'autres, et en particulier le P. Brucker, ont dit quelle faute immense, irréparable, commirent alors les administrateurs en laissant sortir de France tant de richesses scientifiques et littéraires, amassées par les jésuites pendant plusieurs siècles et à grands frais. Un érudit hollandais, un étranger, Gérard Meerman, se présenta à la vente et acquit, au prix dérisoire de quinze mille livres, la totalité de la merveilleuse collection manuscrite du collège[1]. Le marché fut conclu le 6 décembre 1764, et les trésors les plus précieux de Louis-le-Grand furent transportés à La Haye, où ils restèrent jusqu'en 1824. La *Relation par lettres* en faisait partie.

A cette époque, les héritiers de Jean Meerman, fils de Gérard, mirent de nouveau en vente la riche collection de Clermont, ou les *Codices claramontani*.

Il y avait alors, en Angleterre, un grand bibliophile, célèbre collectionneur, Thomas Phillipps, né à Manchester le 2 juillet 1792, fait

---

[1] P. Brucker, p. 513.

baronnet en 1821. Présent à la vente Meerman, il se fit adjuger la plupart des manuscrits de Clermont, et les transporta d'abord dans son château de Middlehill, puis dans une habitation plus vaste et plus commode, à Cheltenham (Gloucester) [1]. Notre *Relation* suivit son nouveau maître en Angleterre.

Les *Claramontani* ne formaient qu'une faible partie de la collection manuscrite, très considérable, de Thomas Phillipps, mais ils en étaient l'écrin d'honneur [2].

Le baronnet anglais mourut le 6 février 1872, et, quinze ans après, ses héritiers, bien plus amateurs d'espèces sonnantes que de vieux manuscrits, se décidèrent à convertir en capital les trésors de littérature et de science du premier collectionneur du XIXe siècle. Toutefois les gouvernements et les grands établissements publics furent *seuls* appelés et admis aux ventes, qui eurent lieu pendant l'été de 1887 [3].

En France, le ministère Goblet venait de tomber à la suite de discussions financières et des propositions impératives de la commission du budget relativement aux économies à réaliser.

---

[1] Voir H. Omont, p. 1 et 2; — P. J. Brucker, p. 516.
[2] P. Brucker, p. 517.
[3] H. Omont, p. 3; — P. Brucker, p. 517.

Le 31 mai, le président de cette commission, M. Maurice Rouvier, formait un ministère opportuniste, et l'un des premiers actes de nos nouveaux gouvernants était d'obtenir de la Chambre la suppression des dispenses militaires pour les séminaristes. Puis, vint la scandaleuse affaire des décorations où devait honteusement sombrer la réputation d'intégrité, si mal acquise et si peu fondée, de hautes personnalités politiques. Pendant ce temps, la crise économique s'accentuait, car on continuait à gaspiller l'argent des contribuables dans des constructions superflues, des laïcisations ruineuses, des achats de consciences révoltants ; et le ministre de l'instruction publique, M. Spuller, plus soucieux de tracasser les écoles catholiques et de diminuer leur influence que de travailler au développement intellectuel du pays, ne voyait qu'un médiocre intérêt à consacrer des subsides à l'acquisition de manuscrits de provenance française. Ces manuscrits, d'une importance capitale pour notre histoire et pour notre littérature, l'un des joyaux de la *Bibliotheca Phillippica*[1], étaient ceux du collège Louis-le-Grand.

L'Allemagne ne se montra pas aussi dédai-

---

[1] H. Omont, p. 2.

gneuse ni aussi maladroitement avisée que la France. Victorieuse sur les champs de bataille, elle entendait bien ne pas rester en arrière dans le domaine de la science, des lettres et des arts. Riche en manuscrits orientaux, mais relativement pauvre en manuscrits grecs et latins anciens[1], elle acheta en bloc, au prix de quatre cent soixante-huit mille sept cent cinquante francs environ, la partie de la bibliothèque Phillipps provenant de Meerman, et, par lui, de la bibliothèque de Clermont[2].

Les *Codices claramontani* sortirent donc de Cheltenham et furent expédiés à Berlin, dans la bibliothèque royale, où ils jouissent de l'estime des savants allemands. « C'est à juste titre, écrivait, en 1893, M. Valentin Rose, le rédacteur du catalogue des nouveaux trésors de Berlin pour la partie latine, que la collection des *Codices manuscripti Collegii claramontani* était hautement célébrée aux xviie et xviiie siècles[3]. »

La *Relation par lettres de l'Amerique septentrionalle* suivit à Berlin les *Codices claramontani*. Elle est inscrite dans le catalogue de la bibliothèque royale. Mais, dans ses pérégrinations

[1] P. Brucker, p. 517.
[2] *Ibid.*, p. 518.
[3] *Ibid.*, p. 518.

de Paris à La Haye, de La Haye à Middlehill, de Middlehill à Cheltenham, de Cheltenham à Berlin, elle a changé son brochage en une reliure neuve de peau de truie.

Le catalogue de la bibliothèque royale de Berlin contient une notice complète de cette *Relation*; il n'oublie ni le nombre des feuillets, ni l'époque où les *lettres* ont été écrites, ni les feuillets de la table des matières, ni la note de censure de la main de Moreau, ni la nouvelle reliure, ni les divers propriétaires du manuscrit. Il a même soin de faire remarquer que Sabin (*Bibliotheca Americana*) ne mentionne pas ce manuscrit.

La bibliothèque royale de Berlin a bien voulu le mettre à notre disposition ; et, vu sa grande valeur, nous en avons fait prendre une copie.

Le public qui s'intéresse à l'histoire de la Nouvelle-France, cette colonie française restée toujours fidèle à sa mère patrie, lira avec le plus vif intérêt et avec profit ces *lettres* inconnues jusqu'à ce jour, et il nous saura gré d'avoir livré à l'impression cette belle œuvre historique du XVIIIe siècle. Nous la reproduisons avec ses incorrections et ses défauts[1] : elle n'en aura que plus

---

[1] L'orthographe de quelques noms propres est fautive. Ceux qui sont au courant des choses du Canada corrigeront facilement ce qui leur paraîtrait défectueux. Nous n'avons pas cru devoir maintenir certaines fautes du copiste par trop grossières.

de valeur aux yeux des érudits et des critiques.

Toutes les *notes* au bas des pages sont de notre main ; elles étaient nécessaires en certains endroits, utiles en d'autres.

C. DE ROCHEMONTEIX, S. J.

Versailles, le 26 juillet 1903,

jour de la fête de sainte Anne, patronne de la province de Québec.

NOTES

N⁰ I. — Patris Gabrielis Marest S. J. iter et missio in sinum Hudsonium in ora septentrionali Canadæ, an. 1694.

Cum Quebeco solvimus, erant naves omnino duæ, trecenti tum nautæ, tum milites ; quæ omnia ad impugnandam, insciis, arcem, quam Hudsonio in sinu tenebant Angli. Profecti igitur decimâ die Augusti anno 1694, vigesima quarta Septembris huc appulimus. Rei quidem voti, ipso enim sub itineris fine, ventis adversis usi, imminente frigidissima hyeme, nec non deficiente aquâ, sanctam Annam, quæ piè imprimis à Canadensibus colitur, patronam apud Deum adhibuimus, voto nos ipsi obstrinximus, triduo post ad terram applicuimus.

Toto hoc navigationis tempore, sacrum facere cum licebat, pias hortationes identidem habere, preces recitare, palàm, manè et sero quotidiè ; nunc his, nunc illis, multis sanè peccata deponentibus operam dare, mea fuêre munia.

Jam vero in sinum Hudsonium devolvunt sese fluvii duo, haud longè à se invicem, alter Borbonius, alter sanctæ Teresiæ dictus. Ad hunc sita Anglorum arx. Hujusce ipsius in alveum è navibus nostris subducta ad hyemem minor ; in Borbonium, utpotè altiorem, subducta major. Obsessi tum Angli, ultro se dedunt, etiam pudendis conditionibus. Continuo actæ Deo solemni ritu gratiæ, erecta crux sublimis, barbaraque hac in regione adoratum tandem venerandum X^{ti} vexillum.

Ex quo autem hic versamur, omnino non cessavi, quod effecere tria maximè, concessa à summo pontifice plena ad morem anni Jubilæi indulgentia, Paschales feriæ, quæ obvenerunt interea, tum denique exorta contagies. Quarè ut omnium pietatem accenderem, accensæ facerem satis, ut ægris adessem, modo ad majorem, modo ad minorem navim aut arcem interdùm curren- dum fuit, non sine summis laboribus. Sæviebat acutum supra cogitationem frigus, via per dumos, nives, paludosam terram quæ gelu malè solidata, vestigia passim fallebat, pedes, crura secabat; cubandum fuit sub dio; tentavit me intereà febris nec non et communis morbus; quibus non cedendum tamen existi- mavi, maximè ne deessem ægris.

Ergó ægrotaverunt multi. Obiere vigenti quatuor, quos omnes præter unum et alterum, ecclesiæ sacramentis munivi. Ex his, nautæ quatuor, ejurata prius Calvini hæresi. Hactenùs de Gallis. Nunc ad naturam loci et indigenas.

Sita arx ad 57 gradum latitudinis. Hyems hic penè continua : puta in septembri ad junium. Quo tempore nemo foras exeat impunè; certè è nostris huic aures, illi nares adustæ, ac mihi quidem obriguit pene crus alterum. Paludosum plerumque solum, ubi arbores paucæ, virgulta tantum videre est, vepres, salices, quod autem mirabere, perdices supramodùm frequentes, item anseres, anates, atque imprimis magna vis caributorum. Cari- butus penè præter cornua damæ planè similis. Barbari indigenæ nihil arrenæ colligunt, toti sunt in venatione, quâ solâ victum sustinent. Nulli apud eos pagi.

Vagantur errabundi, quà felicior venatus. Æstatis tempore ad oras maris propius accedunt. Ubi redit hyems medias in terras recipiunt sese. Pigra gens, timida, parùm ingeniosa, vitio dedita, quoad religionem, ut captus est Canadensium.

Versus lacum superiorem his succedunt septem aut octo natio- nes; quarum illustriores fortitudine, numero, ingenio, Assini- boeli et Krigi. Morantur illi in pagis ad tres quatuorve menses continuos. Quo temporis spatio religionis christianæ præcepta edoceri possent. Ab his spargendi divini sermonis initium haben- dum esse existimaverim.

Porro ad ediscendam linguam Barbarorum hujusce oræ incumbe- re parùm mihi licuit hactenùs, qui operam omnem Gallis dare coactus fuerim; multa tamen verba schedulis excepi. Confessio- nem sanctissimæ Trinitatis, Dominicam orationem, Salutationem angelicam, capita decalogi versi patrio sermone, ut potui. Ipsis etiam aliquid de felicitate æternâ, cum se dedit occasio, balbutire non defui. Inter eos baptismo lustravi grandiores natu duos, qui statim expiravere; Infantes tres, quorum duo pariter paulo post mortui. Alterius infantuli corpus petieram à patre, more nostro sepeliendum. Annuit ille, cœremoniisque adesse voluit cum multis è sua gente. Obstupescere scilicet Barbari, ritus nostros mirari, hoc nostræ in ipsos voluntatis testimonio mirifice capi, in christianam religionem benè affici; me ut eos adirem etiam atque etiam rogare.

Hæc narrare habui à decimâ Augusti an. 1694 ad 24 Augusti an. 1695.

N° II. — JOURNAL DU P. SILVY

DEPUIS BELL'ISLE JUSQU'A PORTNELSON

(Bibl. de Richelieu, Clair. 1016.)

Le 12 juillet la barque que nous attendions de Kebec nous aiant joints à l'Isle aux Coudres nous levames l'ancre le soir, et poussés d'un vent alisé qui fut de durée, nous entrâmes le 21ᵉ dans le destroit de terre neuve, où nous vîmes quantité de fort belles glaces, dont les unes semblaient de loin de grands navires à la voile, et les autres des pyramides, des châteaux ou des places fortes, lesquelles nous passant à droite et à gauche nous raffraichissoient assez pour nous faire trembler; en estant sortis la nuit après avoir doublé Bell'-Isle nous singlâmes en haute mer pour tenir le large des isles qui bordent la coste de Labrador, et fuir les difficultés et les dangers qu'on court entre elles et la terre ferme où les courants portent des glaces, et par le N. E. 1/4 N. le N. E. le N. N. E. et le N. nous nous eslevames jusqu'au 53 d. de lat. ou nous nous trouvames le 22ᵉ à midy, c'est à dire un degré plus nord que Bellisle qui est par le 52ᵉ.

Le 23ᵉ à midy estant par le 53 d. 54′, nous vimes des glaces d'une hauteur prodigieuse, dont une estoit asseurement 2 fois plus haute que nos mats, quoiqu'elle ne fut pas des plus grandes, car estant à 1/4 de lieüe de nous pendant que l'autre barque passoit entre 2 a 1/2 quart de lieüe de chaque costé nous en avions plus de la moitié par dessus la grisette de son grand hunier.

Lapresdinée nous ne fismes pas plus de 3 lieües sur la route.

Le 24e un N. O. extremement froid nous berça de telle manière que ne pouvant nous tenir sur le pont nous fûmes contraints de garder le lit presque tout le jour pour nous deffendre du mal de mer dont nous nous sentions menacés, comme nous estions trop près du vent pour tenir le N. nous ne fimes peutestre pas 3 lieües en toute la journée.

Le 25e nous n'avançames presque pas sur la route n'ayant fait que regagner par l'O. N. O. la terre d'où le vent du jour précédent qui nous poussoit toujours au large, aussi bien que les grands courants, nous avoit par trop esloignés. Sur le midy pourtant aiant pris hauteur nous nous trouvames par le 54 d. 53' et sur le soir la brume s'estant espaissie nous reprîmes la route vers le N. de peur d'aller donner du cap a terre pendant la nuit.

Le 26e à la pointe du jour nous faillimes à aller donner contre une grande glace qu'une brume espaisse cachoit, et qu'on ne para qu'avec peine. Sur le midy la brume s'estant dissipée nous nous trouvames par le 55 d. 50'.

Le 27e le calme nous arresta parmi les flots d'une mer extraordinairement agitée, nous ne laissames pourtant pas d'avancer un peu vers la terre à l'O. N. O.

Le 28 et le 29e nous courumes la même route à la faveur d'un vent arrière, et nous vimes des glaces prodigieusement hautes, il y en avoit une plus haute que le saut au matelot, et il y en avoit quantité de si hautes que nos mats ne paroissoient gueres aupres.

Le 30e nous vimes la terre que nous cherchions depuis 3 jours pour faire du bois et de l'eau qui commençoient à nous manquer; nous l'attaignîmes vers le midy, mais en un endroit affreux en montagnes de roche pelée, ou ayant pris hauteur nous nous trouvames au 56 d. 3' d'elevation, tellement qu'en 3 jours nous ne fîmes que 4 lieües sur notre route. Des que nous fumes pres de terre nous apperçûmes venir à nous entre 2 eaux comme des anguilles une douzaine de canots d'esquimaux avec un homme seul dans chacun, aussi n'en peuvent-ils porter davantage, n'aiant qu'un trou rond au milieu pour l'y recevoir. Ils venoient en criant continuellement et maniant en l'air quelque piece de leur butin, en signe qu'ils vouloient traitter, ils n'ont que des peaux de loups marins ou en capots ou autrement, pour lesquelles ils ne demandent que des couteaux, ils ne petunent point du tout, ce qui est bien extraordinaire pour des sauvages. Ils sont d'un naturel enfant et rieurs au possible, mais d'une maniere puerile et niaise. S'ils présentent une peau de loup marin pour laquelle on leur donne une petite jambette, ils ne l'ont pas plutost receüe qu'ils esclattent de rire comme s'ils avoient gagné un thrésor, et s'ils nous donnent un capot composé de 2 ou 3 peaux aussy grandes, et même plus grandes et plus belles, et fort délicatement cousües pour lequel on leur présente une jambette seulement, ils la reçoivent avec les mêmes demonstrations de joye, et les mêmes esclats de rire comme s'ils gagnoient beaucoup ; leur deffiance est telle qu'ils veulent tenir d'une main quand ils lâchent de l'autre. Ils ne sont point tentés de monter à bord, ils ne vivent la plus part du temps que de loups marins et de vaches marines qu'ils dardent et dont les dents leur servent à faire leurs dards. Ils sont au reste gros et gras et assez blancs par tout le corps.

Le 31ᵉ à midy nous nous trouvames par le 56 d. 43′ de lat. parmi des illes de roche pelée, où le vent nous aiant manqué nous moüillames l'ancre.

Le 4ᵉ aoust aiant appareillé nous levames l'ancre au lever du soleil, quoique le temps fut assez embrumé. Une neüe se partoit neanmoins encore assez loin, mais la brume ordinaire en cette route-la s'estant espaissie et approchée un peu trop de nous, nous fûmes donner de la quille sur une batture de rocher, à une brasse et demy d'eau, où nous touchames par trois fois sans nous faire mal ; nous n'allions pas vite à cause que la brume avoit rabattu le vent. Cela nous obligea pourtant à pousser au large de peur de plus grand accident ; peu de temps après le vent aiant fraichi et la brume estant dissipée nous nous trouvames au 54 d. 6′ vis à vis du havre Saint-Pierre qu'on cherchoit depuis quelques jours pour y faire de l'eau et du bois, nous y entrâmes vers le midy. C'est un bassin de plus d'une lieüe 1/2 de diametre entouré de grandes montagnes de roche pelée au pied desquelles neanmoins on trouve quelque peu de bois ; entre ces montagnes on voit une assez belle riviere qui se decharge dans le bassin dans lequel on est a couvert des vents, et il passeroit en Europe pour un port tres seur et tres beau. Ce fut dans ce havre seulement que nous trouvames quelque peu de chaleur, et quantité de maringoins noirs comme des Éthyopiens.

Le 6e nous reprimes nostre route au N. N. E. à la faveur d'un petit vent qui ne nous mena pas bien loin, ayant pourtant fraischi sur le soir, nous nous trouvames le 7e par le 54 d. 42′ sans avoir perdu de veüe les terres toutes de même nature que les precedentes et bordées d'isles semblables et fort hautes, parmy lesquelles on decouvre quantité de grandes et profondes bayes, ayant ensuite porté N. et N. N. O. le 8e à midy nous fumes par le 58 d. 40′.

Le 9e à midy nous ne nous trouvames qu'au 58 d. 55′ m. à cause du calme qui avoit duré pendant la nuit et le matin.

Le 10e nous avançames beaucoup plus sur la même route malgré le calme et la brume ordinaire.

Le 11e au matin nous fumes à la veüe du détroit assez près des isles Bouton qui en sont à l'entrée, le calme nous arresta là quelque temps, et la brume nous en ota bientôt la veüe, mais un peu après midy un vent de terre s'estant levé nous fit avancer au N. O. 1/4 O. en nous poussant pourtant au large à cause qu'il estoit trop pres et aidé du courant qui nous y entrainoit aussy.

Le 12e nous ne fimes que croiser à la veüe du détroit sans y pouvoir entrer le vent estant contraire, neanmoins sur le soir s'estant rendu plus favorable nous y poussames nonobstant la brume toute la nuit au N. O. et N. O. 1/4 O. et par suite au de la du 61 d. de lat. ou se trouve l'entrée du detroit.

Le 13e vers le midy la brume s'estant dissipée nous vimes la côte du nord a environ 20 lieües avant dans le detroit, où un petit vent un peu contraire ne laissa pas de nous faire avancer le reste du jour.

Le 14e le calme de la nuit precedente durant encore, et le courant estant fort grand nous derivames tellement qu'à midy nous ne nous trouvames qu'au 61 d. 55′ ou environ, car la brume estant survenüe nous empescha de prendre au juste la hauteur.

Le 15e le vent continuant à nous estre contraire, nous ne fimes que continuer à nous soutenir en croisant le détroit et louvoiant du N. au S. et du S. au N. sans avancer notablement puisque nous perdions presque d'une bordée ce que nous avions gagné de l'autre, quoique M^r l'Allemand jugeast à son estime que sur le soir nous avions avancé environ 10 lieües, sur la route qui est O. N. O. dans tout le detroit.

Le 16e au matin le calme nous aiant arresté et le ciel s'estant esclaircy nous nous vimes encore à la veüe des isles Bouton, ou de l'entrée du destroit, et par conséquent nous jugeames avoir perdu ce que nous avions gagné les jours précédents, aussy nous trouvames-nous seulement au 61e d. 10′ de lat. mais après midy un vent favorable s'estant levé nous poussa droit à l'O. N. O. le reste du jour, et toute la nuit par l'espace d'environ 15 à 16 lieües.

Le 17e nous eumes tout le matin le même vent qui nous fit avancer d'autant, et nous eut porté bien plus loin si la brume ne l'eust calmé vers le midy.

Le 18e aiant vû la terre du sud à la hauteur de 61 d. 17′ pour n'aller pas donner sur une grande isle qui tient près de la moitié du destroit, il fallut quitter notre route et traverser au nord à la faveur d'un petit vent qui nous poussa toute la nuit, et ne laissa pas de nous faire gagner quelque chose sur elle.

Le 19e à midy la brume nous aiant fait jour nous decouvrimes de 8 ou 10 lieües loin la terre du nord laquelle est extremement haute, et paroist comme crenelée et toute entrecoupée de montagnes.

Le 20e à la faveur d'un petit vent arrière survenu le soir precédent nonobstant la brume et la pluye qui sembloient le devoir abattre nous fimes sur notre route à l'O. N. O. vingt lieües ou environ.

Le 21e apres un calme de presque toute la mattinée un petit vent nous poussa quelque peu au N. O. l'espace de quelques heures pour nous escarter de la grande isle qui est contre la terre du Sud à 30 lieües de l'entrée de la baye et qu'on nomme l'isle du Cap de Charles; sur le soir le vent estant devenu contraire nous ne pumes que traverser à l'autre bord, en biaisant tant soit peu vers le N. 1/4 N. O.

Le 22e nous ne fîmes que croïser au même endroit, en avançant pourtant un peu sur la route.

Le 23e nous fumes poussez d'abord du même vent, mais comme il se rendit un peu meilleur sur le midy, et que nous ne poussames pas si avant la bordée qui nous portoit au Sud, nous trouvames avoir gagné 5 lieües à l'ouest depuis le jour precedent, à cause qu'on avoit porté quelque temps au N. O. 1/4 N. puisqu'aiant pris hauteur nous nous trouvames par le 63 d. 28′ de sorte que nous estions sur la ligne E. et O. de la sortie du detroit à 20 ou 25 lieües près.

Le 24ᵉ le calme nous prit à midi sous le 64 d. 15′ à la veüe des isles qui bordent la cote du Nord.

Le 25ᵉ nous louviames encore de ce vent, après la neige un calme de la plupart du jour, et parmi les brouillards fort espais. Comme nous estions à croiser le destroit depuis 2 semaines, et que nous avions encore autant de fois de chemin à faire que nous en avions fait depuis son entrée, dans la crainte de quelque extrémité faute de bois d'eau et d'autres choses nécessaires nous fimes des prieres pour obtenir un temps plus favorable.

Le 26ᵉ aiant louvoié quelque temps de même vent, et de la derniere bordée estant alles partie à l'O. 1/4 N. O. et partie à l'O. S. O. nous vimes après midy les isles de la sortie du destroit dont la premiere est Salsbré, et peu de temps après on decouvrit la pointe de la terre ferme du Sud laquelle aboutit à la baye. Salsbré n'est qu'à 4 ou 8 lieües de cette coste-la, et comme nous estions entre les deux et que le vent estoit trop pres, de peur qu'il ne nous jettast sur la coste pendant la nuit nous changeâmes de bordée pour regagner le nord de l'isle; mais la brume nous obligea de mettre à la cape vers les 10 ou 11 heures du soir.

Le 27ᵉ au matin on reprit la même bordée que l'on poussa jusqu'à la veüe d'une autre grande isle entourée d'islettes vers la terre du Nord, et parce que le vent nous y portoit dessus nous revirames pour enfiler entre les deux à l'O. S. O. Sur le soir on revira, pour courir encore vers le N. E. 1/4 N. mais le vent contraire s'estant renforcé nous contraignit de passer la nuit presqu'à la cape, n'allant qu'à tres petites voiles.

Le 28ᵉ ayant changé de bord au jour on revint tomber sur l'isle de Salsbré, d'où l'on reprit la bordée vers l'autre du côté du Nord le reste du jour pour tacher de parer à l'autre bordée celle de Salsbré en portant vers celle de Naringam qui la suit à l'O. et qui se trouve tout à l'entrée de la baye.

Le 29ᵉ au matin nous estant encore trouvés au bout de l'isle Salsbré, et voiant qu'en louvoiant du costé du nord nous n'avions

rien gagné peutestre à cause du trop grand courant qui s'y trouve
on fut d'avis de la costoïer pour voir si l'on réussiroit mieux du
côté du Sud. Y estant donc arrivés après midy nous le trouvames
barré de glaces mouvantes, à travers lesquelles il fallut nous
faire chemin à la perche. Nous ne fumes pas bien du temps à
nous en tirer; cette isle de roche escarpée est assez grande et fort
haute, excepté le côté du Sud qui est beaucoup plus bas que les
autres; nous vimes en cet endroit quantité de vaches marines
qui nous montroient leurs dents blanches et longues avec lesquelles elles s'accrochent quand elles grimpent les rochers ou les
glaces pour s'y coucher dessus. Nous passames cette isle et des
islets de roche d'où deboutoit au large une batture assez grande
qu'il n'eust pas fait bon rencontrer dans les brumes; mais par
bonheur nous y passames de temps clair, et le vent nous aiant
manqué nous fumes obligés de mouiller l'ancre un peu après
l'avoir doublée, de peur que le courant fort violent ne nous
rejettast dessus.

Le 30ᵉ à midy la marée descendant nous portant dans la baye
nous levames l'ancre pour tascher de sortir d'un destroit si dangereux, mais peu de temps apres le calme nous contraignit de
remoüiller plus pres de l'isle, ce qui nous donna lieu d'envoyer
remplir quelques barriques d'eau à terre, estant presque à bout
de la nostre.

Le 31ᵉ nous appareillames avant le jour pour profiter d'un
petit vent favorable qui s'esleva, mais peu d'heures après nous
trouvames tout barré de glaces parmi lesquelles on tacha de se
faire jour. Nous y fumes bientost enfermés de tous les costés
à perte de veüe, et toute la nuit nous demeurames acostés les
2 bastiments. Nous demeurâmes en ce même estat le 1ᵉʳ de septembre le temps estant calme et embrumé.

Le 2ᵉ au matin nous estant trouvés hors des glaces qu'un vent
d'O. survenu la nuit avait escartées nous passames vers la coste
du Nord entre Naringam et Salsbré, mais peu d'heures après
nous rentrames encore dans d'autres bancs de glace, parmi lesquelles le vent même sans voiles nous poussoit si violemment
que le devant de nostre esperon fut cassé par les glaces, 3 ou 4
grosses chevilles de fer qui le tenoient se rompirent en 2, et
si l'etrave n'eust esté assez forte pour résister à la secousse nous
eussions esté en danger de couler bas avant que de gagner terre

pour y remedier; mais graces à Dieu il ne se fit point d'ouverture au bastiment, nous fûmes ensuite obligés à nous grapiner par 2 fois, pour attendre un temps plus favorable.

Le 3e les glaces nous laisserent libres des le grand matin, le vent et la marée les aiant toutes poussées vers Salsbré. Le vent ensuite s'estant rangé du coté du nord, nous contraignit de rebrousser pour nous en sortir, et aiant cotoié le sud de Natingam nous entrames environ les 3 heures apres midy dans la baye tant desirée à la veüe du cap de Digne, qui est une petite isle avancée dans la baye à 2 ou 3 lieües de la pointe du sud du detroit. Les courants et le vent trop pres nous aiant fait trop deriver au Sud pendant la nuit nous ne pûmes parer l'isle Mansfild au Nord, en allant O. N. O. ce qui nous obligea de mettre à la cape jusqu'au jour de peur d'y aller donner dessus.

Le 4e à la pointe du jour on se mit en route au S. S. O. pour aller doubler Mansfild au Sud. Cette isle est avancée à 20 ou 25 lieües dans la baye le long de la coste de l'Est, et a du Nord au Sud environ 15 lieües d'estendüe; mais le vent s'estant rangé de ce coté-là il fallut revirer au N. O. et revenir sur nos brisées.

Le 5e au matin le vent devenu N. N. E. nous remit en route au S. O. nous poussant assez bien. Il se mit un peu de coté quelque temps aprés sans laisser de nous faire assez bien aller de l'avant sur la même route à la veüe du bout du sud de Mansfild, que nous laissames à stribor (*sic*); ayant pris hauteur à midy nous nous trouvames au 61 d. 52'. L'apres dînée le vent s'estant un peu trop approché de nous ne nous avança pas beaucoup, mais la nuit s'estant mis arrière nous poussa vivement en route à l'O. S. O.

Le 6e le vent mollissant fort nous poussa lentement jusqu'à 10 h. qu'aiant entierement calmé nous fûmes arrestés presque toute la relevée, à environ 53 l. de la sortie du destroit, et vers le 61 d. de lat. que nous pûmes prendre au juste.

Le 7e 8e et 9e nous fusmes souvent arrestés de calme, ou contraints par des vents contraires à louvoier sur nostre route, ou nous ne gagnions que bien peu. Sur la 9e du 9e le vent s'estant mis de l'arriere nous poussa droit à l'O. S. O. toute la nuit, et d'un air à faire 5 lieües en 4 heures.

Le 10e au matin le vent nous poussa de même air encore quelques heures quoiqu'il fust un peu de coté, mais s'estant par trop approché nous fusmes le reste de la mattinée et partie de la soirée un peu moins de l'avant, ne faisant qu'environ 3 l. en 4 h. au même rhum de vent jusque sur les 4 h. qu'estant trop pres il nous obligea de porter à l'ouest; on se croioit alors à 60 ou 65 lieües de nostre riviere, peu de temps apres aiant viré le bord nous portames au S. S. O. et ensuite au S. O. 1/4 S. et assez bien presque toute la nuit faisant environ 4 lieües en 4 heures, le roulis extraordinairement grand nous empeschant d'en faire davantage. Il nous berçoit de telle sorte que nous ne pouvions nous tenir nulle part.

Le 11e nous fusmes agités par même maniere, et par le même vent lequel s'estant rendu moins favorable ne nous avança pas beaucoup, la derive et les flots vehements reduisant nostre route à la valeur du Sud ou peu s'en falloit; ayant pris hauteur à midy noùs nous trouvames par le 59 d. 5'.

Le 12e nous poussames encore au S. mais petitement et vers le midy à l'O. S. O. et avant pris hauteur nous nous trouvames par le 58 d. 15', presque toute la relevée nous portames au meme rhum d'un vent assez modéré jusqu'au soleil couchant qu'il calma presque entierement. Estant allés durant la nuit et la mattinée suivante au S. O. 1/4 O. nous nous trouvames le 13e à midy par le 54e deg. 44'. L'apres-dînée on fit même route jusqu'à la nuit que le vent s'estant jetté vers le N., et peu d'heures après au N. N. O. nous portames à l'O. toute la nuit.

Le 14e on tint la même route toute la mattinée, mais toujours à petites voiles à cause de la violence du vent, et de la trop grande agitacion de la mer, car il n'eust pas fait bon alors approcher si vite la terre que nous esperions voir ce jour-la, mais de peur d'y arriver la nuit avec danger nous la passames à la cape.

Le 15e dès la pointe du jour on continua la même route, et sur les 8 heures on decouvrit la terre, et l'aiant approchée environ 2 lieues et à 4 brasses d'eau seulement on revira pour s'en esloigner et se remettre au large jusqu'à midy; car on ne pouvoit la reconnoistre estant fort basse. A midy l'on prit hauteur pendant qu'on regagnoit la terre, et l'on trouva 56 d. 33' c'est à dire 12 l. et 1/3 plus sud que la riviere qui se trouve au 54 d. 10' au sentiment de Mr l'Allemand. Le temps contraire nous obligea de moüiller là l'ancre; nous apperçûmes une grande fumée à terre; on crut que c'estoit les sauvages d'une riviere qui s'y décharge au sentiment du meme, et l'on fut sur le point d'y envoier un canot pour apprendre des nouvelles, mais le temps ne le permit pas.

Le 17e voiant qu'estant si pres de terre en une saison où les vents qui viennent du Sud ne regnent guères en cette mer la nous pouvions à peine nous en tirer, et que le vent d'O. continuoit, on fut d'avis de s'en servir pour se mettre au large par une bordée de N. N. O. que nous fîmes depuis midy qu'on leva l'ancre jusqu'à 3 heures qu'on la mouilla de rechef à 10 brasses d'eau, mais sur les 8 heures du soir à la faveur d'un vent du Sud on appareilla pour porter successivement à l'O. N. O. au N. O. au N. O. 1/4 O. et à l'O. selon que la sonde le demandoit, car pendant la nuit on sondoit continuellement de peur d'aller donner contre quelque pointe de terre qu'on n'eust pu decouvrir alors toutes ces terres estant si basses que les moindres vagues les cachent.

Le 18e on poussa tout le jour de même, et la hauteur prise on se trouva par le 54 d. 8′ a la veüe des terres, pendant la nuit on fut à l'ancre assez pres de la pointe de l'ance où se rencontre la riviere que nous cherchions attendant un vent favorable pour nous y porter.

Le 19e aiant poussé jusqu'a midy on se trouva par le 54 d. 20′ c'est à dire 10′ plus N. que la riviere ainsi qu'on l'avoit prétendu pour en attraper l'entrée plus aisément.

Le 20e craignant de nous rendre trop tard à l'habitation nous fimes des prieres, et le 21e des les 2 h. du matin il se leva un vent de sud alisé et moderé tel qu'on le souhaistoit, nous levames l'ancre et cotoiames à la sonde et à 4 brasses d'eau la terre jusqu'à l'ance de la riviere. Cette journée fut tres belle ; a 8 h. du soir nous mouillames l'ancre à 5 brasses d'eau, et à la veüe de la riviere vers laquelle nous n'osames pas avancer à cause d'une batture qu'il nous falloit doubler pour y entrer, et que l'on n'eust pu découvrir dans l'obscurité de la nuit.

Le 22e aiant levé l'ancre des le petit jour nous doublames la batture, et entrames dans la riviere tant désirée ; elle est assez large, mais fort platte, et entre 2 bords extremement bas, et couverts seulement de fredoches et de petits bois ; le costé du nord qui la separe de la grande ou de Portnelson est un peu plus elevé que l'autre duquel on voit d'abord sortir une autre petite riviere qui vient se perdre dans la nostre où nous ne fumes pas plus tost que nous decouvrimes contre une pointe sur la droite à une lieüe plus haut un pavillon anglois et quelques batiments, nous en fumes d'autant plus surpris que nous n'avions trouvé personne quoique nous n'eussions fait que croiser le détroit et la baye par l'espace de 6 semaines. A peine eumes nous mouillé l'ancre qu'une chaloupe vint à nous avec 4 matelots et le capitaine de l'équipage pour nous demander à parler de la part de leur commandant; on luy accorda sa requeste, et l'ayant conduit dans la chambre il nous dit par son interprète qui estoit un jeune homme françois nommé le Parisien engagé depuis quelques années à leur service, qu'il venoit de la part de son commandant pour nous prier de luy apprendre le sujet de nostre venüe. On luy fit réponse qu'on conduisait à sa maison Mr de la Martiniere, conseiller du roy pour y commander au nom de S. M. dans cette riviere, et dans celles qui en dépendent dont les François avoient pris possession les premiers. Sur quoy nous aiant dit que les Anglois en estoient les premiers possesseurs, nous leur dimes que cela estoit impossible puisqu'ils n'y estoient entrés que de cette année, et que 2 ans devant nous y avions fait une maison à 4 lieües au dessus où 8 François nous attendoient; il nous dit alors que Ratisson estoit venu avec 2 fregates d'Angleterre, les avoit emmenés avec luy depuis 8 jours avec tout leur butin qui consistoit en une vingtaine de milliers de castors que les François avoient traittés outre ceux qu'ils avoient encore traittés eux mêmes depuis leur arrivée. Nous luy dimes alors que c'estoit un vol manifeste et que Ratisson estoit un traître; il en convint d'abord, et dit qu'ils estoient arrivés le 1er (c'est à dire à leur conte l'onz^e) d'aoust, qu'ils estoient partis d'Angleterre au commencement de juin, et qu'ils les avoient laissés là sous un chef qui commanderoit au nom de la compagnie d'Angleterre. Il ajouta qu'il croioit que comme il n'y avoit point de guerre entre les 2 rois nous voudrions vivre en amis, et y traitter chacun de son bord sans se troubler les uns les autres jusqu'à ce que les 2 rois en eussent autrement ordonné. Mr de la Martiniere luy repondit qu'il ne reconnoissoit point d'autre commandant que luy même en ce lieu-la, et que les François n'allant point traitter dans les rivieres de la baye appartenantes aux Anglois, il ne pretendoit pas aussi que les Anglois le fissent dans celles qui appartenoient au roi son maître. Le capitaine anglois luy dit qu'il n'avait rien à luy repondre, mais que s'il le trouvoit bon il iroit faire son rapport à son commandant, et qu'il reviendroit aussitost. Mr de la Martiniere y consentit; il revint peu de temps après luy seul et sans armes comme la premiere fois dire à Mr de la Martiniere que s'il vouloit il s'aboucheroit à terre avec son commandant, qu'il pouvoit l'envoier prendre avec sa chaloupe et le François pour le conduire au rendez-vous où luy et ses 5 hommes le conduiroient en même temps dans la leur. Mr de la Martiniere luy dit que quoique ce fust à son maître à le venir trouver il vouloit pourtant bien cela. Il envoya donc Mr l'Allemand et 5 autres vers l'Anglois qui ne voulant pas les laisser venir à son bord se fit conduire dans une chaloupe vers eux, sans doute qu'il ne voulut pas faire voir à nos gens le mauvais estat où ils estoient. S'estant mis dans une chaloupe on le mena au lieu marqué pour l'entreveüe où Mr de la Martiniere fut le trouver accompagné de quelques autres; ils y passèrent le reste de la journée en civilités, à examiner leurs commissions, et à convenir ensemble de la maniere d'agir dans cette conjoncture, et quoique Mr de la Martiniere luy parlast toujours assez fierement ils convinrent ensemble qu'on vivroit en paix eux en leur poste qui estoit celuy que nous avions dessein d'occuper, et nous où il nous plairoit, sans se fortifier de part ny d'autre.

Le 23e au matin Mr de la Martiniere aiant appris que les Anglois qui ne logeoient que sous une tente, leur maison n'estant pas encore achevée, s'estoient fortifiés d'une batterie de 24 pieces de canon dont leur navire estoit lesté, et qu'ils avoient tirés du fond de cale, chargés et braqués sur la riviere pendant la conférence même malgré la parole donnée de ne s'y point fortifier jusqu'à nouvel ordre d'Europe, depescha Mr de la Pierre pour aller sommer le commandant anglois de demonter la batterie, decharger ses canons, et les entasser au pied de la cote, et de luy envoyer six de ses principaux officiers en ostage de sa parole et de sa bonne foy qu'il lui avoit rendu suspecte, puisqu'il ne pouvoit avoir fait cela qu'à dessein de tirer sur luy quand il passeroit pour s'aller établir au-dessus d'eux, luy promettant qu'il luy renvoieroit ses gens aussitost qu'il auroit passé, que s'il refusoit de le faire il prendroit ses resolutions conformement à sa commission. Mr de la Pierre ayant porté cette parole s'en revint accompagné d'un Anglois qui parloit françois qui nous interpreta la reponse de son commandant qui estoit par escrit, elle portoit qu'il ne pouvoit donner les hommes qu'il demandoit, qu'on vivroit en bonne intelligence, qu'on termineroit à l'amiable les differents qui surviendroient entre les 2 familles, qu'en passant on ne seroit point obligé de baisser le pavillon, et que si nous voulions qu'on tirast le canon pour s'entresaluer qu'on le feroit, que sa batterie aiant esté dressée longtemps avant nostre arrivée et seulement pour se deffendre en cas d'attaque estant dans un pays étranger et parmi des peuples barbares, il ne devoit pas la démonter, etc. Mais qu'on pouvoit et qu'on devoit s'en fier à la parole d'un honneste homme. Mr de la Martiniere leur repondit d'une maniere à leur faire entendre qu'il les y contraindroit, et qu'il pretendoit les enlever malgré tous leurs canons; après quoy l'on remit à terre cet envoyé.

Les choses estant dans cet estat et la saison avancée nous pensames à nous loger; on envoia pour cela 2 de nos gens pour choisir une place propre et voir si depuis les Anglois jusqu'à nous et aux environs il se trouvoit assez de bois pour bastir et pour bruler pendant l'hyver. A leur retour ils repondirent que les Anglois avoient tiré sur eux à bale, ce qui les avoit obligés de se retirer n'aiant pas ordre de leur repondre, ce qu'ils auroient pû faire à coup seur en tirant sur une bande de 9 ou 10 qui se promenoient sur la grève à 4 pas d'eux sans qu'ils fussent apperçûs estant assis parmi des fredoches qui les couvroient, quoiqu'ils n'eussent entendu qu'un coup de fusil dont ils avoient oui siffler la bale à ce qu'ils disent. Soit qu'ils se trompassent ou non, Mr de la Martiniere ne laissa pas de se resoudre de luy même à faire une tentative sur les Anglois, laquelle reussit aussi mal qu'elle avoit esté mal conçüe, car en plein jour et à la veüe des Anglois il se fit porter à terre avec une trentaine d'hommes pour faire une attaque la nuit. Si les Anglois qui les contoient tous au debarquement eussent eu le sens de se venir cacher dans les fredoches et les attendre à l'abord de la côte, ils les eussent tous canardés sans estre vûs, pendant qu'ils estoient occupés à courir et à se tenir sur la vase où plusieurs se firent porter sur les épaules de leurs gens. La nuit estant venüe ils s'en furent tous à l'attaque parmy des fredoches espaisses, et par divers endroits s'estant partagés en petites bandes; mais comme il n'y avoit que des gens indisciplinés et mal entendus, dès qu'aux approches les sentinelles angloises eurent entendu le bruit des fredoches et donné l'alarme à leurs gens qui braquerent d'abord un canon de ce côté-là, l'espouvante se mit si fort parmi les nostres qu'après 5 coups de fusil qu'ils tirèrent seulement ensuite d'un que les Anglois avoient tiré, ils se retirerent tous en desordre et sans pouvoir se reunir ni même s'entrevoir à cause de l'obscurité ; ils perdirent dans cette deroute quelques pistolets et quelques mitaines que les fredoches leur enlevoient de la ceinture et que les Anglois trouverent ensuite pour en faire trophée.

Le 24e aiant vu de la fumée à l'autre bord au dessous de nous on y envoia un canot tant pour decouvrir qui c'estoit que pour visiter les lieux, et voir si dans la petite riviere dont j'ay parlé on ne trouveroit point un poste plus avantageux ; peu de temps après on revint avec deux canots de sauvages qui avoient traitté avec nos François, et qui n'alloient point aux Anglois qu'ils appellent avec raison meschants François ; ils nous avoient suivi depuis le 1er endroit où nous avions terry parce qu'ils avoient reconnu au pavillon blanc que nous estions les bons François de Kebec. On leur fit tout le bon traitement possible pour les gagner ; ils s'enretournerent fort satisfaits promettant de venir en traitte chez nous au printemps, et d'y attirer tous ceux qu'ils rencontreroient. Sur le rapport de ceux qui avoient visité la petite riviere on fut d'avis de s'y poster sans retardement de peur d'être surpris des glaces. On s'y rendit donc le 25e après avoir rembarqué notre monde. Les battures de sable en rendent l'entrée tres difficile, n'y aiant qu'un petit canal au milieu qu'on ne sçauroit suivre, à moins que de le baliser partout, de sorte que le vent nous poussant un peu de côté nous fit échoüer sur le bord des que nous y fumes entrés, et nous ne pûmes nous relever qu'aux grandes mers de l'autre lune ; encore fallut-il decharger entierement le navire même de son leste pour le mettre à flot ; quant à la barque ne tirant pas tant d'eau que nous elle avoit poussé tout d'un coup jusqu'à un endroit qu'on avoit choisy un quart de lieüe plus avant, où l'on commença aussitost à se bastir, pendant qu'estant dechargée elle et les deux chaloupes aidoient à décharger nostre bastiment dont l'esloignement faisant diversion de nostre monde retarda beaucoup nos travaux qui ne furent achevés qu'à la fin d'octobre ; ils consistoient en 3 maisons, et un fort de pieux deffendu par 2 bastions et un angle saillant tracés par M^r l'Allemand.

Des le commencement des travaux 2 de nos gens envoierent à la vieille maison pour voir en quel estat on la trouveroit. Aiant rapporté que les François l'avoient quittée le printemps pour s'aller establir à 4 lieües au dessus d'un petit rapide, dans une isle où ils firent une habitation assez commode et où ils avoient tout transporté, et où ils furent pris de gré ou de force, car on n'en scait rien d'assuré, on fut d'avis d'y envoier M^r le Gardeur avec 10 hommes pour s'en mettre en possession comme d'un poste avantageux et pour la chasse et pour la traitte; les sauvages venant par là, et les chaloupes angloises n'y pouvant monter à cause du rapide. Quelque temps après on leur envoia un canot chargé de vivres sur lequel les Anglois tirerent trois volées de canon sans leur faire de mal. Après cet acte d'hostilité, ils envoierent en canot un de leurs interpretes vers nous avec deux sauvages, lequel aiant trouvé de nos chasseurs en abordant leur presenta le pavillon blanc; ceux cy le conduisirent au navire encore eschoué. On vint au fort nous avertir de son arrivée, et comme Mr de la Martiniere estoit au lit d'un rhumatisme qui l'avoit beaucoup affoibly, je fus prié de m'y transporter pour répondre à ce que cet envoyé avoit à nous dire de la part de son commandant. J'y allay, et cet envoyé aiant dit qu'il venoit faire des plaintes et demander raison de l'insulte qu'on leur avoit faite sans sujet; je luy repondis que le jour que nous quittames la riviere pour venir la où nous estions, nous avions esté sur le point de leur envoier faire les mêmes plaintes avec plus de justice qu'eux, puisque c'estoit eux qui avoient commencé l'insulte en tirant sur deux de nos hommes qu'on avoit envoiés de jour pour choisir un lieu où l'on pust se poster commodement, lesquels pourtant se retirerent sans tirer sur une bande de leurs gens qui se promenoient sur la grève, et qu'ils voioient à découvert sans en pouvoir estre vûs estant cachés dans les fredoches, et que la nuit suivante quelques autres partis pour le même sujet et pour la chasse s'en revenant fort tard et passant un peu trop pres d'eux furent encore fusillés, ce qui les obligea de faire une descharge de 5 coups de fusil en l'air et sans s'arrester ainsi qu'ils scavaient bien eux mêmes, ce qui n'eut pas esté si on avoit eu dessein de les attaquer tout de bon. Il repondit à tout cela

que pour le jour ils n'avoit vû ny entendu personne, et que
quand ils tiroient c'estoit sans dessein et pour se divertir seulement et même sans balle. Je dis que c'estoit à bale puisqu'elle
avoit sifflé aux oreilles de nos gens, et les avoit fait rebrousser,
et il me repondit que ce fut donc par hasard, quelques-uns de
leurs gens ayant pris par mégarde quelques fusils chargés
à balle, puisqu'ils ne pouvoient l'avoir fait à dessein n'ayant pas
le moindre soupçon qu'il y eust personne. Il ajouta que pour la
nuit, nos gens les avoient attaqués en tirant sur leurs sentinelles,
que les menaces qu'on leur avoit faites le jour les avoient obligés
de mettre des balles pour se tenir sur leurs gardes; je luy dis que
nos gens n'avoient fait que respondre aux coups de fusil qu'on
tira sur eux au bruit qu'ils faisoient en marchant parmy les fredoches. Il ajouta pour lors qu'ils nous avaient vûs débarquer à
terre en grand nombre et bien armés, ce qui ne pouvoit estre qu'à
dessein de les attaquer. Je luy répondis que le rapport de nos
2 hommes sur lesquels on avoit tiré, nous y avoit obligé pour
nous mettre en estat de secourir les visiteurs des lieux et les
chasseurs que nous avions à terre, et dont nous devions estre
en peine après cet acte d'hostilité, que je voulois bien croire
sur sa parole, qu'ils avoient tiré sans dessein, mais que n'en
sachant rien alors nous avions sujet de nous en deffier, et qu'ils
pouvoient juger que si on avoit eu dessein de les attaquer pendant la nuit, on n'auroit pas esté assez mal avisés que de des-
cendre en plein jour et à leur veüe, mais bien plutost la nuit
pour les surprendre, tellement que ce procédé bien loin de
servir de légitime fondement à leur plainte justifioit au contraire
ce que je venois de dire. N'ayant plus rien à répliquer il me dit
que son commandant avait deffendu à tous les gens de tirer sur
aucun François qu'ils n'en fussent attaqués, et que nous pouvions
aller partout en toute liberté même chez eux le jour, mais que
la nuit toutes les approches luy seroient suspectes, et qu'il feroit
tirer dessus. Si cela est vray, lui dis-je, d'où vient que dernière-
ment en plein jour vous tirates 3 coups de canon sur un de nos
canots qui montoit la riviere, et dont les boulets vinrent tomber
à ses costés; il me répondit qu'ils ne savoient pas qui c'estoit,
et que les prenant pour des sauvages, ils avaient tiré 3 coups
de canon pour les appeller à eux. On n'appelle pas les sauvages
à bale, luy dis-je, ce seroit plutost le moien de les faire fuir;

nous ne tirâmes pas dessus, dit-il, mais devant ; c'est justement comme il falloit faire pour les atteindre, lui dis-je, car en tirant dessus on ne ferait rien, car le canot avançant toujours seroit hors de danger avant que la bale fust rendüe : mais nos François ne se mettent pas fort en peine de vos boulets, ils passent partout sans crainte, et partant vous pouvez dire à votre commandant que vos plaintes sont mal fondées, et que nous avons sujet de luy en faire avec plus de raison. Voila Mr de la Pierre, luy dis-je, qui se preparoit à partir dès le petit jour pour ce sujet là le lendemain de votre insulte prétendüe, mais la crainte d'estre retardés, voiant qu'il estoit temps de songer à nostre hyvernement nous fit differer jusqu'à ce que nous fussions logés. Nous luy dimes de salüer le commandant de la part de Mr de la Martinière et de la nostre, et de l'assurer qu'il pourroit toujours venir avec la même sureté qu'il promettoit pourveu que ce ne fut point la nuit, après quoy il se retira. Et par ce qu'un des 2 sauvages qui se dit chef de sa nation et que les Anglois entretiennent, avoit esté trouvé par nos gens se cacher parmi les fredoches, je luy dis de prendre bien garde à ne pas venir à couvert de nostre costé, de peur qu'on ne le prit pour un espion ou pour un ennemy, et que l'on ne tirast sur luy ; car les François se deffieroient desormais des Anglois et de quiconque viendroit vers eux en cachette.

Peu de jours apres aiant fait partir 2 canots chargés de vivres avec Mr Pinard et 4 autres François qui les portoient à M. le Gardeur à l'Isle, des que les Anglois les eurent apperçus ils firent embarquer 15 hommes armés dans une chaloupe pour traverser la riviere et les aller prendre. Nos gens les voiant approcher firent un demi tour à gauche pour se jetter dans un vaisseau qu'ils rencontrerent vis à vis des Anglois. Comme les 2 canots estoient un peu distants l'un de l'autre, le premier qui portoit Mr Pinard n'eut pas plus tost doublé la pointe du ruisseau que les deux hommes qui le conduisoient sauterent à terre, prirent leurs fusils, et sans autre ceremonie s'en coururent au fort en disant à Mr Pinard qui n'estoit pas si vigoureux de les suivre tout doucement. L'autre canot qui le suivoit estant a couvert de la même pointe, fut promptement dechargé par les 2 hommes, lesquels mirent le tout en cache dans des fredoches, et pendant que Jean Guyon s'en fut aider Mr Pinard à decharger l'autre canot abandonné de ses 2 hommes, Nicolas Pré s'alla mettre au bout de la pointe avec son fusil pour voir la contenance des ennemis qui n'estoient pas encore à la portée du fusil. Ceux-cy le voiant seul l'appelerent à eux, mais luy les bravant leur dit, venez vous-mêmes à terre si vous avez du cœur. Nostre commandant, luy dirent-ils, vous ordonne de luy venir parler. Allez vous en luy dire, respondit Nicolas, que s'il a quelque chose à me dire, il vienne me trouver luy-même. Nous vous ferons venir par force, dirent-ils, si vous ne venez d'amitié. Vous n'oseriez, reprit Nicolas, vous estes trop laches pour l'entreprendre. Prenez courage, approchez-vous, et en disant cela il regardoit parfois du coté du bois tournant la teste en arriere comme faisant signe à quelqu'un. Cette feinte ne réussit pas mal, car les Anglois l'ayant remarquée s'imaginerent que nos gens n'estoient entrés là que pour les attirer dans quelque embuscade, ce qui les empescha d'approcher davantage du bord, d'où Nicolas ne cessa de les agacer, les raillant durant 2 heures qu'ils furent à le regarder sans rien oser de plus jusqu'à ce que leur commandant aiant fait sonner la retraite, ils s'en retournerent comme ils estoient venus. Cependant les 2 autres qui avoient pris la route du fort s'y estant rendus et nous aiant appris ce qui leur estoit arrivé jusqu'à nous faire entendre que tout estoit perdu, Mr de la Martiniere fit partir en diligence 4 hommes bien armés pour aller par terre porter ordre à M^r le Gardeur de revenir avec tout son monde, d'emporter ce qu'ils pourroient de meilleur et de mettre le feu aux deux maisons et à tout le reste s'ils ne pouvoient le cacher seurement. Ils prirent leur chemin droit à la petite riviere où les canots estoient entrés, y estant arrivés à l'entrée de la nuit, et aiant trouvé les canots et tout le bagage en estat, ils firent du feu sur la greve à la veüe des Anglois pour y attendre la marée de la nuit à la faveur de laquelle s'estant mis dans un des canots, ils arriverent le matin à bonne heure à l'Isle de nos gens. Nous estions cependant fort en peine de Mr Pinard et des 2 autres, quand vers les 10 h. du soir nous les entendîmes crier à l'autre bord de nostre ruisseau un peu plus bas que nostre fort. D'abord on se mit sous les armes de peur de surprise, en cas que les Anglois s'en fussent servis pour leur faire dire ce qu'ils voudroient, afin de se saisir de ceux qui iroient pour les querir. On les questionna donc de loing, et apres s'en estre esclaircy on leur dit de s'approcher vis à vis de nous, ce qu'ils firent, et ayant passé la riviere ils nous raconterent comme là chose s'estoit passée, ce qui nous tira d'une partie de la peine, car nous estions encore en peine au sujet de Mr Pinard qui n'avoit pu venir au travers de tant de fredoches espaisses et difficiles à pénétrer. Le lendemain au point du jour on envoia 6 bons hommes pour l'aller chercher avec le butin si les Anglois ne l'avoient enlevé pendant la nuit. Une heure après on entendit Mr Pinard qui cria qu'on l'allast passer, et on le fut prendre aussitost; il estoit dans un estat meconnaissable, couvert de vase depuis les pieds jusqu'à la teste, il s'estoit traîné la nuit comme il avoit pu, mais ayant rencontré par malheur un marais où il enfonçoit jusqu'à la ceinture dans la vase, il eut bien de la peine à s'en tirer, et même il fut contraint d'y laisser sa casaque; à quelques pas de là il fut obligé de se jetter par terre ne pouvant se remuer, estant tout espuisé d'une fatigue sy extraornaire. Quelques jours après il y retourna pour chercher sa casaque, mais il n'en seut trouver l'endroit à cause des glaces et des neiges qui y estoient. Nos 6 hommes aiant trouvé un canot et le butin, s'en revinrent le soir chargés d'une bonne partie et l'on fut querir l'autre apres. Nous connumes par la que ceux qui estoient montés à l'Isle avoient pris l'autre canot pour faire plus de diligence, puisque si les Anglois y eussent esté ils eussent tout enlevé. Cela nous fit juger qu'ils n'estoient pas fort à craindre, et qu'ils n'estoient pas bien forts, puisqu'ils n'avoient pas eu le cœur d'entreprendre un coup qui leur estoit tout assuré et que nous n'eussions pas manqué s'ils nous l'eussent offert si beau; et parce que tout estoit au même estat qu'auparavant on fut d'avis d'escrire à M^r le Gardeur de ne rien brûler, mais de tout mettre en cache, de bien fermer la maison et d'apporter dans les canots les vivres et les choses les plus nécessaires. 2 ou trois jours apres ils descendirent tous partie en canots parmi les glaces qui dérivoient et les autres par terre. 2 des canots arriverent heureusement au fort mais si glacés de froid que les hommes ne pouvoient presque se remuer, l'autre fut obligé de mettre à terre vis à vis des Anglois, ses 2 hommes n'en pouvant plus, on l'y laissa avec une partie du butin qu'on fut prendre le lendemain. L'arrivée de tous nos gens nous réjouit extrêmement tant parce que nos ouvrages en seroient plutost achevés, que parce que nous serions plus en estat de nous faire craindre à nos voisins pendant l'hyver, et de les faire repentir d'avoir commencé les actes d'hostilité.

Des que nostre petite riviere fut prise quelqu'un s'estant avisé de percer la glace pour voir s'il y auroit du poisson, on y trouva tant de truites saumonées qu'en 2 marées du matin on en prit à l'hameçon et à la ress plus de 600 dont une suffisoit pour rassasier un homme. Cela nous fit bien car nous n'avions presque plus que de la farine, des poix et du bled d'Inde.

Les Anglois aiant vû repasser nos gens et jugeant à leur nombre qu'il n'y avoit plus personne à l'Isle, y allèrent aussitost, mais n'y ayant rien trouvé ils mirent le feu aux maisons tant par depit que pour nous empescher d'y remonter au printemps pour la traitte. Ils furent pourtant bien surpris d'apprendre à Paques par des sauvages que nos gens y estoient en bon nombre bien fournis de munitions, de vivres, et de marchandises et qu'ils y avoient bâti une maison plus grande que la première.

Quelque temps apres ce bel acte d'hostilité, le Parisien dont j'ay parlé maltraitté par son commandant vint se rendre à nous. Ils envoierent leur interprete pour en demander des nouvelles, et pour voir comment nous estions logés et fortifiés; il trouva nos chasseurs qui l'entretinrent à l'entrée du bois, et envoierent savoir de Mr de la Martiniere s'ils luy permettroient d'avancer. On fut d'avis de le traitter comme ils traittoient nos envoiés auxquels ils ne permettoient pas d'approcher de leur fort, ny de leurs navires, quoique nous eussions toujours reçu les leurs dans notre chambre. Mr de la Martiniere fut donc luy parler au même endroit et luy fit entendre que cette reception si contraire à la maniere des François estoit causée par la maniere incivile dont son commandant recevoit nos envoiés; il luy donna des nouvelles du Parisien, et comme il marqua d'estre etonné de ce que nous ne les allions point voir, il luy dit que l'hyver seroit assez long pour le faire, qu'on leur laissoit jetter leur feu sur nos maisons, etc., mais qu'ensuite nous commencerions à nostre tour, que si nous n'avions pas passé devant eux pour nous aller establir plus haut ce n'estoit pas leur batterie qui nous en avoit empesché, mais que c'estoit la commodité du lieu où nous estions que nous avions trouvé plus avantageux que tout autre pour hyverner, qu'au reste le printemps prochain nous ne manquerions pas de monter plus haut pour faire la traitte au dessus d'eux. Vous serez donc bien forts, dit l'envoyé, car nous sommes resolus de faire tous nos efforts pour vous empescher de passer. Nous passerons malgré vous, dit Mr de la Martiniere, n'y aiant pas d'apparence que vous soyez plus genereux au printemps que vous avez esté l'automne, quand 15 Anglois n'ont osé attaquer un François qui les deffioit au combat. L'envoié voulut couvrir la lascheté de ses gens, mais n'en pouvant venir à bout il prit congé et se retira fort honteux d'avoir esté berné luy qui estoit le premier de cette bande-là.

Pendant l'hyver les froids extremes nous empescherent de harceler nos ennemis qui se tenoient chez eux sans s'ecarter; il n'estoit pas possible de tenir la campagne la nuit, et tout ce que nos gens pouvoient faire estoit de nous chercher à vivre en chassant aux perdrix blanches. Elles passent par bandes quelques mois durant, on en tüa plus de 2000, et il en entroit quelquefois 200 en un jour dans le fort. Toute la campagne à 2 lieues à la ronde n'estoit battüe que de pistes de nos raquettes, et les Anglois n'entendoient autour d'eux que les fusils de nos chasseurs. Ce qui sans doute leur faisoit garder la maison plus longtemps qu'ils n'eussent voulu. Car 2 sauvages nous estant venus voir de chez eux vers la fin de l'hyver, et nous aiant dit que 5 autres y estoient arrivés, et qu'ils s'en estoient retournés avec autant d'Anglois qui devoient revenir dans 4 jours chargés de viande, on envoia d'abord Mr de Saint-Marc et quelques autres avec luy pour les aller attendre à l'Isle ou plus avant s'il le falloit; mais le lendemain les mêmes sauvages qui s'en alloient voir leurs parents les aiant rencontrés et presumant bien le sujet de leur marche ne les eurent pas plutost perdus de veüe que faussant leur route ils furent avertir les Anglois qu'on les attendoit au retour pour leur prendre... Eux profitant de cet avis s'en retournerent par des routes escartées dans les forêts, ce qu'ils firent avec bien de la peine ne sachant pas aller en raquette ny courir par les bois comme les François, tellement que nos gens apres avoir attendu et consumé leurs provisions s'en revinrent le visage à demy gelé.

Au commencement du Caresme on reprit la pensée de faire remonter du monde à l'Isle pour y faire rebastir, et d'y porter des marchandises pour la traitte, et pour en venir mieux à bout

avant le degel, on prepara les traines pendant qu'on fut battre
un chemin dans les bois afin de trainer à couvert et sans risque
d'estre inquietés par les ennemis, et pour n'estre pas toujours
obligés de faire escorter les traineurs. Nos charpentiers aussy
firent une grande chaloupe d'assez méchant bois à la verité,
mais en eschange fort léger pour faire plus facilement à la voile
tous les transports qu'il faudroit faire au lieu qu'on pretendoit
choisir au dessus des Anglois. Des que la riviere fut libre nous
commençames à leur tenir la parole que nous leur avions donnée
de passer à leur barbe nonobstant leurs grandes menaces ; ils
voulurent aussi executer la leur faisant courir sur nous mais si
laschement qu'ils n'en eurent que la honte : car au second
voiage que l'on y fit, un canot seulement de 3 hommes montant
en plein jour à la voile, sans aucune escorte par terre fut pour-
suivy par 2 chaloupes de 12 à 15 hommes chacune. Nos gens les
voiant assez pres mirent à terre, et aiant trainé le canot un peu
loin du bord sur les vases, coururent se mettre à couvert d'une
souche qu'ils rencontrerent fort a propos d'où pendant que les
ennemis debarquoient, ils les saluerent de 7 coups de fusil tout
de suite avec tant de promptitude qu'estant saisis de frayeur ils
se rembarquerent, et s'en retournerent chez eux, apres quoy les
François reprirent leur route et passerent à la veüe des ennemis,
et d'une troupe de sauvages qui estoient chez eux. Cette tentative leur ayant si mal reussy ils n'oserent en faire d'autres sur
nos voiageurs qui montoient à 2 l. et demie du fort en un
lieu tres avantageux pour la traitte, que Mr de la Martinière
avoit esté reconnoistre et choisir pour y dresser un magazin, où
Mr Macard fit sa traitte aidé de M^r le Gardeur qui ne s'est jamais
espargné pour les intérest de la Compagnie ; et parce qu'on
jugea que ce poste pouvoit suffire on y fist venir ceux de l'Isle
avec tout ce qu'ils avoient afin de n'estre pas partagés en tant
d'endroits, et qu'on eut moins de voiages à faire.

Les sauvages du bord de la mer sont plus aux Anglois qu'aux
François ; ils ne sont qu'une poignée de gens assez gueux,
lesquels apres avoir traitté aux Anglois le peu de peaux qu'ils
avoient vinrent nous trouver plus pour nous demander à manger
que pour autre chose. Ils y furent 2 ou 3 jours pendant lesquels
je les cathechisay ; ils m'escoutoient, et puis ils en rioient. Il
est moralement impossible de les faire chrestiens, estant tou-

jours errants et ne paroissant que pour traitter le peu qu'ils ont
et puis s'en fuir comme des oyseaux de passage. Il en est de
même des Assinipoals et des Kilistinons qui descendent de
15 à 20 journées dans les terres; ils arrivent aujourd'huy et s'en
retournent demain. Comme ils ne viennent que pour la traitte
ils ne sont pas capables de religion à moins que d'estre longtemps avec eux et dans leur village qui est au dela du grand lac
des Assinipoals dont Portnelson est la descharge à ce qu'on dit.
On n'y avancera jamais rien.

Tout estant prest au magazin environ la my juin, on envoia
au devant d'eux un chef sauvage qui vouloit s'attacher à nous,
et 2 François avec des présents pour les inviter et les prevenir.
Peu de jours apres ils revinrent accompagnés d'environ 70 canots
de Kris ou Kilistinons chargés de tres belle pelleterie. On leur
barra d'abord la riviere avec une corde de brasses de petun pour
les arrester; ils obeirent, et quand ils eurent débarqué on les
invita à la traitte par un festin, et par un present auquel ils ne
manquerent pas de respondre; ils s'en retournerent le lendemain
qu'ils eurent achevé leur traitte. Il vint encore deux autres
petites bandes l'une de 15 et l'autre de 6 canots. Pendant que
nous les attendions Mr de la Martiniere, Mr Macard et M^r l'Allemand conduisirent au fort la grande chaloupe et les canots
chargés du Castor que nous avions traitté, et que les Anglois
voulurent enlever ainsy qu'ils s'en estoient vantés aux sauvages.
Ils envoierent donc des qu'ils les virent leur grande chaloupe
à la voile bien équippée et bien armée pour leur couper chemin.
Quelques sauvages qui ne faisoient que d'en venir, vinrent me
dire tout emûs. Viens voir, viens voir les meschants François
qui traversent et qui vont piller les François. Ne craignez rien,
leur dis-je, et vous les verrez bientost fuir; en effet des qu'ils
virent nos gens arrestés pour les attendre, ils virerent le bord
pour regagner leur maison. Ce fut là leur dernier effort et depuis
ce temps ils nous virent passer et repasser sans jamais nous rien
dire, mais non pas sans desplaisir. Leur lacheté fut toujours si
grande qu'ils n'oserent jamais nous aborder à la portée du fusil.

Dans l'incertitude où nous estions si les Assinipoals viendroient
ou non et si ce seroit tost ou tard, nous fumes d'avis de ne pas
risquer à tout perdre en les attendant, et de profiter des grandes
marées qui pressoient nostre embarquement, et sans lesquelles

nous ne pouvions nous mettre en mer. Nous debagageames donc, et nous estant rendus au fort nous en partîmes le 15ᵉ de juillet après l'avoir mis tout en feu pour nous rendre à nos batiments qui estoient depuis quelque temps à l'entrée de notre petite riviere, ou plutost de nostre ruisseau, d'où nous sortîmes le soir afin d'estre le lendemain en estat de mettre à la voile. A peine eût-on perdu la veüe du fort des Anglois et de l'entrée de la riviere que nous entrames dans les glaces dont toute la mer sembloit pleine, et que les courants entraînoient au fond de la baye. Nous y fumes l'espace douze jours d'une navigation bien douce à petites voiles, et comme a tatons ; le 11ᵉ ou le 12ᵉ nous vismes devant nous un grand esclaircis qui nous fit juger que nous estions hors des glaces ; deux jours nous y rentrames, mais ce ne fut que pour 2 jours après lesquels nous n'en trouvames plus ny dans la baye ny dans le destroit, où nous entrames environ la veille de saint Laurent. Quelques jours devant nous tuames un ours blanc lequel ayant peut estre esté enlevé par les glaces s'estoit mis à la nage et venoit à nostre navire. On le mit à bord avec le palant. Il avoit les jambes fort courtes et fort grosses. Ses pattes et ses griffes estoient horribles ; et sa croupe sembloit celle d'un cheval de carrosse ; aussi avoit-il un grand demy pied de lard par tout son corps. Tout jeune et tout petit qu'il estoit encore il ne laissa pas de donner pres de demy barrique d'huile.

Nous n'estions pas encore bien avant dans le destroit quand sur les 2 heures du matin nous ouïmes crier navire. Ce mot nous fit sauter hors du lit pour voir ce que c'estoit. Des qu'on en fut assuré on prepara tout pour le combat, et faisant porter sur sa route en tenant le vent, on luy coupa le chemin de telle sorte qu'en peu d'heures on l'eut atteint. Et parce qu'il n'amenoit point quoique nous fussions assez proches, on luy dit de le faire par une volée de canon qu'on luy envoia. Des qu'il eut amené on fit dire par un interprete au capitaine qu'il vint à bord dans sa chaloupe pour nous montrer sa commission ; il nous l'apporta aussitost ; elle ne consistoit qu'en un congé de la compagnie d'Angleterre qui l'envoioit au fond de la baye, disait-il, quoiqu'il fust pour Portnelson, comme nous le sçûmes de 2 François qu'ils y menoient. Nous luy demandames si cette Compagnie estoit la même que celle de l'année derniere, et nous aiant repondu que c'estoit la même, Mʳ de la Martiniere et Mʳ l'Alle-

mand me demanderent mon sentiment touchant ce qu'il y avoit
à faire, et s'ils devoient prendre ce bastiment n'y aiant point de
guerre entre les 2 nations. Je leur dis qu'il n'y avoit point à ba-
lancer, que puisqu'ils rencontroient le bien de ceux qui avoient
volé la compagnie de Canada qui les emploiait, ils pouvoient et
devoient le prendre en vertu d'un droit naturel qui ne dépend de
qui que ce soit. On luy dit donc qu'il estoit pris et l'on envoia en
même temps prendre possession du navire. Il nous dit que le
navire estoit à luy et non pas à la compagnie qui ne l'avoit qu'à
fret, et nous luy respondîmes qu'il n'avoit rien à craindre, que la
compagnie d'Angleterre estoit trop juste pour luy rien faire
perdre, et pour ne pas le dedommager. Aiant appris de luy que
de 4 batiments partis de Londres pour la baye, savoir le sien,
un autre un peu plus grand, et 2 fregattes de 12 pieces de canon
et autant de pierriers chacune, la fregatte de Ratisson qui avoit
pris le devant devoit avoir passé comme nous estions dans la
baye, et les 2 autres qu'il avoit laissez apres luy avant qu'il fust
dans le destroit passeroient infailliblement dans un ou deux jours,
il eust esté à mon sentiment à propos de faire havre pour nous
accomoder à loisir pendant que ces batiments passeroient sans
nous voir. Mr de la Martiniere en estoit d'avis; mais Mr de la
Martiniere qui se plait a tenir le large ne le jugea pas à propos.
Nous poussames donc notre route et le lendemain si je ne me
trompe nous vîsmes un autre navire, et bien qu'on ne pust distinguer si c'estoit le petit ou le grand on poussa droit à luy, et
l'ayant joint sur le soir, on luy dit par un coup de canon d'amener comme on avoit fait à l'autre; il obeit, mais le capitaine aiant
reconnu la Kecke prise refusa de venir à bord resolu d'attendre
l'abordage plustost que de se rendre. On luy fit des menaces, mais
ce fut en vain, cela fut cause qu'on resolut de l'attaquer par la
decharge et du canon et des fusils, laquelle pourtant ne fit rien,
le capitaine anglois ayant fait cacher tout son monde; il ne voulut
pas même qu'on tirast sur nous quoiqu'il eust du canon et des
pierriers avec lesquels il eust pu fracasser nos gens qu'il voioit
à decouvert sur le pont. Comme les boulets nous manquaient et
que les fusils ne servoient de rien contre des gens qui ne se montroient point, on delibera si on viendroit à l'abordage. Chacun
y estoit disposé, et on attendoit plus que l'ordre. Mr de la Martiniere et Mr l'Allemand s'en remirent à mon jugement, le pre-

mier pourtant me disant qu'ils avoient des coffres à feu et qu'il ne vouloit perdre personne, puisque nous n'en pouvions perdre sans nous trouver courts, et sans nous exposer au danger de tout perdre et nos prises et nos navires faute de gens pour les conduire, Mr Moisan nous aiant protesté quelques jours auparavant que si on luy ostoit seulement un homme de son equipage qui estoit le plus fort de tous, il ne repondoit point de son batiment ny de le mener à Kebec. Je leur dis, cela supposé, qu'il falloit l'abandonner ne pouvant me persuader qu'apres tant de fierté ils se rendissent sans resistance, que je ne doutois point qu'on ne les prit à l'abordage, mais qu'on y perdroit du monde, et qu'il falloit ou faire cela ou les laisser aller. On prit ce dernier party et on porta à la route, aussi bien la nuit survenant aurait peut estre causé quelque confusion qui auroit eu de meschantes suites.

Le lendemain vers le midy faisant une bordée au large nous vimes un autre navire. Comme nous estions seurs que c'estoit le grand, et que nous n'estions pas en estat de luy courir sus nous changeames de bord et poussames vers terre en gagnant toujours sur la route au plus près du vent. Les Anglois croiant que nous avions peur porterent à nous toute la relevée, mais n'allant gueres mieux que nous ils ne gagnerent presque rien. Cependant la nuit approchant, à la faveur de l'obscurité nous fimes vent arrière en portant droit à terre pour l'élonger ensuite à petites voiles vers l'Ouest, où nous voions quelque apparence d'un havre propre à nous mettre à couvert de l'insulte des ennemis, lesquels nous aiant perdu de veüe à cause ou de l'obscurité ou de la terre qui nous deroboit à leurs yeux, pousserent toujours leur bordée et s'en furent terrir à plus d'une lieüe de nous vers l'Est. Le jour qui ne se couche point dans ce pays-la l'espace de plusieurs mois s'estant esclaircy, nous nous entrevîmes en un estat à ne nous pas craindre, la mer estant calme pour lors. Ce beau calme nous fit resoudre à nous faire toüer pour tacher de gagner le havre dont j'ay parlé que nous voions entre des montagnes de roches. Les ennemis à nostre exemple mirent 2 chaloupes à l'eau pour la même fin, mais nous allions plus vite qu'eux, tellement qu'a my relevée favorisés d'un petit vent qui se leva a propos nous entrames dans un havre aussy favorable que nous pouvions souhaiter. Mr Moisan qui nous devança y entra jusqu'au fond sans aucune peine ; pour nous l'entrée nous en fut plus dangereuse,

car une raffale de vent nous y aiant surpris nous jetta sur un
horrible cap de roche où le bastiment se fust brisé si le ressac de
la mer ne l'eust retenu à une brasse près, ce qui nous obligea de
mouiller l'ancre promptement afin de nous en esloigner en attendant que nos chaloupes que nous avions envoiés à la Kecke pour
la faire venir plus viste fussent de retour. Quand elles furent
arrivées nous fimes signe à ceux de la Kecke de tenir le plus qu'ils
pourroient l'autre bord du havre de peur d'un pareil accident ;
après quoy nous levames l'ancre, et nous estant fait toüer vers
le même endroit nous mîmes le vent dans les voiles, et nous
poussames bien avant dans le hâvre, où nous échoüames au dela
de la Kecke qui avoit eschoüé devant nous. Ce havre est fort
plat, et presque tout a sec en marée basse, ny restant qu'un petit
canal d'une riviere qui s'y descharge, et dans laquelle la barque
avoit poussé jusqu'au bout, où elle flottoit en tout temps. Il est
entouré de montagnes de roches pelées dont une pointe debou-
tant bien avant au large tout à l'entrée, nous fut tres avanta-
geuse non seulement parce qu'elle nous couvroit et nous ostoit
la veüe de la mer, mais encore parce qu'elle dominoit sur les
ennemis qui furent obligés de mouiller l'ancre un peu au dessous
pour ne pas eschouer en voulant passer plus avant. D'abord nous
y envoyames 10 ou 12 fusiliers pour s'y poster parmy des roches
entrecoupées derrière lesquelles ils seroient à couvert du canon
ennemi et d'où ils pourroient les incommoder et les empescher
à coups de fusils de se faire toüer s'il leur prenoit envie de nous
approcher davantage, et pour en venir mieux à bout et leur donner plus de terreur nous y fimes porter la couleuvrine de la barque.
Sur le tard la fregate vint se poster en ce même endroit et mouiller
l'ancre à notre veüe, mais un peu trop loin pour nous pouvoir
nuire. D'abord on les salua de la pointe, ce qui les obligea de se
mettre à couvert de leurs gardecorps, et d'entourer et fortifier
leurs bordages avec des cables pour arrester leurs bales, tellement qu'on ne voioit plus dans leur bord que des sabres desgai-
nés, que le Brilleur et quelques autres fanfarons faisoient briller
en l'air. Apres cette rodomontade ils tirerent deux coups de canon
contre le rocher à quelques brasses au dessus de nos gens qui leur
repondirent avec la couleuvrine. Ce même soir à l'entrée de la
nuit un Anglois qui servoit de coq dans la Kecke, par une impru-
dence de nos François, se voiant tout seul sur le pont pendant

qu'on soupoit dans la chambre sauta dans la chaloupe et s'en fut trouver les Anglois, auxquels il ne manqua pas de dire ce qu'il avoit appris de nos gens, que nous n'avions point de boulets, ce qui pût leur donner quelque espérance de nous prendre, ou du moins de ravoir leur Kecké, et pour y reussir plus aisément en nous intimidant, ils mirent des barrils au bout de leurs vergues afin de nous espouvanter et de nous obliger à nous rendre ou du moins à parlementer par la crainte d'estre brûlés. Ils passerent toute la nuit à ferrailler, à battre, à rompre, à forger, et à faire un bruit enragé pensant par là nous faire perdre cœur; mais ils furent bien surpris le lendemain quand ils nous virent pousser jusqu'au bout du havre, entrer dans la riviere, et y mettre nos 3 navires à couvert d'une grande pointe de sable qui les deffendoit du canon, et beaucoup plus encore le jour suivant nous voiant manier apres une batterie de 8 pieces de canon que nous dressâmes sur la pointe qui commandoit à tout le canal par lequel ils eussent pu nous venir joindre aux grandes marées. Ils considéroient nos gens qu'ils voioient occupés les uns à lever du gazon, les autres à le charrier, partie à faire les fortifications et les embrasures avec tant de vitesse qu'il leur estoit impossible de les conter. D'ailleurs ils voioient la pointe de roche à près de demi lieüe de nous toujours fournie d'hommes, outre ceux qui alloient et venoient continuellement d'une pointe à l'autre, soit pour y porter les avis, ou des vivres ou des munitions. Tout ce manege les eblouit en sorte qu'ils nous crurent deux fois plus de monde que nous n'estions. La promptitude avec laquelle notre ouvrage fut achevé, par les soins de M[r] le Gardeur, qui avoit toujours la main à l'œuvre, notre batterie dressée, nos canons chargés et dechargés partie à bale et partie autrement, leur fit croire que leur coq les avoit trompés en leur disant que nous n'avions plus de boulets puisque nous les prodiguions de la sorte, mais ils ne savoient pas qu'avec du plomb et des cailloux, ou du machefer, M[r] l'Allemand en jettoit au moule pendant qu'on estoit occupé à faire les travaux. Ce même jour ils envoierent une chaloupe à l'autre bord du havre où quelques uns mirent à terre, et monterent sur certaines roches à la portée du canon de nous pendant que d'autres s'occupoient à je ne scay quoy que nous ne pûmes distinguer; nous crûmes d'abord qu'ils alloient voir s'ils pourroient y loger du canon comme nous avions fait de l'autre costé, et nous battre avec avantage, ou s'ils trouveroient le canal pour s'y faire toüer, et nous venir joindre ; et pour les en empescher nous envoiames 5 ou 6 fusiliers en diligence afin de les debusquer pendant qu'on tireroit quelque volée de canon vers cet endroit-là. Quand ils en furent assez proches on tira 3 coups de canon braqués sur la chaloupe ennemie contre laquelle les boulets allèrent tomber et firent tant de peur aux Anglois que ceux qui visitoient la roche en descendirent precipitamment et se rembarquerent ; en même temps ils entendirent derrière eux une douzaine de coups de fusil qui leur sifflerent aux oreilles. Cela leur fit penser à eux et juger qu'ils ne feroient que perdre leur temps, voiant surtout que nous ne nous empressions gueres de leur parler, mais seulement à les battre partout où nous les rencontrerions. Ils resolurent donc de parler eux mêmes et envoierent le Brigueur en chaloupe avec un pavillon blanc, lequel ayant abordé au dessus de la pointe demanda M^r l'Allemand qui descendit aussitost sur la greve avec son interprete. Le Brigueur ayant demandé seureté, et d'estre seul à seul, mit pied à terre, et s'entretint longtemps avec luy de choses indifférentes, et ensuite il luy demanda d'où vient que nous avions pris leur navire, n'y ayant point de guerre entre nous. D'où vient, dit M^r l'Allemand, qu'en pleine paix vous nous avez donné chasse 2 jours durant sans savoir que nous l'eussions pris, et nous reconnoissant François ? Ensuite il ajouta les causes de le prendre, lesquelles porterent l'autre à declamer contre Ratisson qu'il traitta de traître et de voleur, et à jurer qu'il le tuerait partout où il le trouveroit ; après avoir ainsi pesté il demanda s'il ne vouloit pas le leur rendre. M^r l'Allemand dit qu'il ne l'avoit pas pris pour le rendre, mais que s'ils vouloient le ravoir, ils vinsent le reprendre eux mêmes, mais qu'il falloit auparavant terrasser tous les François, qui estoient disposés à les bien recevoir. Nous voions, dit le Brigueur, que vous estes forts, mais nous vous garderons icy aiant des vivres pour 3 ans. Je m'en réjouis fort, dit M^r l'Allemand, nous aurons le loisir de vous voir et de vous regaler des caribous que nous tuerons en attendant qu'au printemps prochain nous puissions nous en retourner de compagnie en Canada. Cette response luy faisant connoistre qu'il n'y avoit rien à faire, il prit congé, se rembarqua et s'en fut à son bord, où desesperant luy et les autres de gagner autrechose que des coups et de perdre du temps, et peut estre leur navire, et eux mêmes, ainsy qu'il fut arrivé, s'ils eussent si bien eschoüés quelque part qu'ils n'eussent pû s'en relever, car alors nous les aurions eus à nostre disposition, tellement qu'à l'entrée de la nuit, ils leverent l'ancre nous saluant de tout leur canon; nous leur repondimes du nostre bien satisfaits de les voir aller.

Nous apprîmes de nos Anglois que ceux des 2 fregates avoient ordre exprès de leur compagnie de perdre tous les François qu'ils trouveroient dans le destroit et dans la baye sans avoir egard à leur commission. Un ordre si cruel et si impie merite vengeance. Je ne manquay pas de faire remarquer à ceux que nous tenions la différence qu'il y avoit entre le genie anglois et celuy des François qui est humain, doux, bienfaisant, fidelle, religieux et veritablement chrestien, ainsi qu'ils le pouvoient connoistre par le bon traittement que nous leur faisions, nonobstant la declaration qu'ils nous avoient faite sans y penser.

Apres la feste de l'Assomption on accommoda toutes choses pour le depart; on fit de l'eau pour tout le reste du voiage, et l'on envoia descouvrir du haut des montagnes si les Anglois n'avoient point fait une feinte pour nous attendre, apres quoy l'on remit à la voile, et nous reprimes nostre route que nous continuames heureusement et même promptement jusqu'à la hauteur de Bell'Isle, où les mauvais temps nous bercerent d'une estrange maniere par l'espace de plusieurs jours qu'il nous fallut estre à la cape ou avancer et reculer successivement à cause des brumes qui nous empeschoient de voir et de reconnoistre la terre avant que d'oser l'aborder. Nous eumes ensuite l'affliction de voir perdre malheureusement un de nos hommes qu'un gros temps jetta hors le bord dans le destroit de Terre neuve sans qu'on pust luy donner secours. Nous fumes 2 fois contraints dans ce destroit de faire havre de peur d'estre jettés en coste. Nous y vîmes des Esquimaux en canots et en biscayennes, lesquels estoient bien aussi gras que les loups marins dont ils vivent. Leurs yeux estoient si enfoncés dans leurs joües qu'ils ne paroissoient presque point. Il y en avoit une partie de ceux que nous avions vûs l'autre année à 150 lieües de là dans la coste de Labrador, ce qui me fait juger qu'ils ne sont qu'une poignée de gens qui ne font que courir le long de ces costes affreuses.

Au reste, cette navigation du Nord seroit une des plus faciles si les brumes ordinaires et les calmes dont elles sont accompagnées ne la rendoient fascheuse et difficile, car on y pourroit toujours aller à la veüe des terres depuis Kebec jusqu'à la baye par l'espace d'environ 600 lieües. Elle est composée de 4 lignes dont la première est d'environ 250 lieües sur l'E. N. E. depuis Kebec jusqu'à Bell'Isle qui se trouve au 52 degré de latitude, la deuxième est d'environ 202 lieües au N. N. O. depuis Bell'Isle jusqu'à l'entrée du destroit qui se trouve au 61 d. La troisième d'environ 120 l. à l'O. N. O. depuis l'entrée du destroit jusqu'à la sortie ou à l'entrée de la baie, au 63 d.; et la quatrième d'environ 170 l. de traverse au S. O. depuis la sortie du destroit jusqu'à la riviere des François, laquelle se rencontre au 54 d. 10' de latitude, et partant la route entiere se reduit en tout au nombre d'environ 742 lieües suivant l'estime de nos pilotes.

RELATION PAR LETTRES

DE

L'AMÉRIQUE SEPTENTRIONALLE

BIBLIOTHÈQUE R.F. NATIONALE

RELATION PAR LETTRES

DE

L'AMERIQUE SEPTENTRIONALLE

LETTRE PREMIERE

DISPOSITION DE L'OUVRAGE ET DES CANADIENS EN GENERAL

A Quebec, le   1709.

Mr,

L'envie que vous me marqués avoir de connoître particulierement cette partie de l'Amerique Septentrionalle m'engage à faire ce que vous souhaités de moy, je m'estimeray heureux si je puis y reussir. Il faudra vous parler de bien des terres differentes des peuples de cette colonie, de plusieurs nations, lesquelles quoyque sauvages ne laissent pas d'avoir toutes de l'esprit et de la politique pour leurs interets ; comme cet ouvrage ne laissera pas d'estre long, je le partageray en plusieurs lettres de peur de vous ennuyer, et je tacheray en même tems de les rendre les plus intelligibles qu'il me sera possible. Je crois vous devoir parler d'abord des peuples de ce pays.

Le Canadien a de l'esprit, est fier, orgueilleux, vif, hardy, industrieux, et capable de supporter les fatigues les plus outrées, il ayme à voyager et à courir les bois, a bien de la peine à s'attacher à un lieu et tient du sauvage pour aimer l'independance et l'oisiveté. La misere où la chérté des marchandises de France les a jettés, a un peu changé cette derniere qualité, mais, Mr, pouvoit on esperer autre chose des peuples qui sont nez de peres et de meres oisifs? Les soldats ont peuplé ce pays avec ces filles, qui, ayant vecu dans le desordre en France, ont inspiré à leurs enfans au lieu du travail, l'orgueil et la faineantise. Quoyque le Canadien en general ait l'esprit tel que je viens de vous le marquer, il ne laisse pas de changer en mieux, il travaille à present et fait travailler ses enfants, et il obéit avec soumission, quand il connoist une justice ferme qui marche, pour ainsy dire, teste levée et n'a de consideration pour personne. Je suis persuadé que vous serez surpris d'apprendre que les peres rendent leurs enfants laborieux quand ils peuvent, car ils sont faits autrement que ceux de France; ils ayment trop leurs enfants pour leur faire faire quelquechose contre leur gré, et les enfans ont si peu de respect pour leurs peres qu'ils les quittent quand il leur en prend fantaisie. Toutes ces choses changent et changeront de plus en plus et à la fin à force de peine et de soins il ne restera pour tout deffaut au Canadien que l'envie de courir et d'être plein d'orgueil.

Je suis, Mr, etc.

LETTRE IIe

DE L'ADRESSE DES CANADIENS A BIEN TIRER

A Quebec, le   1709.

Mr,

Le Canadien est très brave, on n'en peut point douter par les differents partis où il s'est trouvé et la valeur qu'il a toujours fait paroitre; il joint l'adresse à cette bonne qualité, et tire mieux que peuple du monde; c'est à la chasse à laquelle il s'occupe des sa plus tendre jeunesse et qu'il aime passionnement, qu'il en est redevable. On ne peut mieux faire, ce me semble, que de luy laisser continuer une inclination qui luy est si utile et à cette colonie, en luy permettant toujours de chasser partout au gibier passager. Les seigneurs voudroient bien luy oster ce droit qui paroist naturel, ne regardant en cela que leur interest ou leur plaisir particulier. Il est cependant très necessaire, pour le bien public et la seureté du pays, qu'un habitant sache tirer pour se deffendre contre les Anglois où les sauvages qui peuvent venir en cette colonie ou pour les aller attaquer chez eux.

Vous serez persuadé, Mr, de l'adresse du Canadien à bien tirer par l'exemple d'un qui se trouva sur le bord de Mr le comte Dar..., quand il se battit, en 1705, aux atterages de France, avec un corsaire flessinguois, lequel incommodoit fort le vaisseau par les grenades que l'on jettoit de sa grande hune. Ce Canadien s'en aperceut et tua d'un coup de fusil celuy qui leur faisoit tout ce mal. Le capitaine du vaisseau ennemy fit aussitost remonter un matelot pour faire la même manœuvre ; mais un coup de la même main ne luy permit pas d'aller jusques en haut, et un troisième fut aussi tué, qui vouloit aller remplacer les deux autres.

Je suis, M^r, etc.

LETTRE IIIe

DE LA FORCE DES CANADIENS A SUPPORTER LES FATIGUES

A Quebec, le 1709.

M^r,

Les Canadiens ont autant de force et de vigueur, qu'ils ont de bravoure et d'adresse ; ils supportent les fatigues les plus outrées : les partis où ils vont pour faire la guerre en sont des preuves certaines. Ces partis, s'ils sont d'hiver, se font en raquette sur les neiges. Ils sont obligés de traisner dessus tous leurs vivres et leur petit équipage, qui consiste en une couverture, une chaudiere et une hache. S'ils se font l'été, ils se servent de canots d'ecorce, qu'ils portent aussy bien que tous leurs vivres et leurs equipages qui sont dedans, quand ils trouvent la source des rivieres pour en aller regagner une autre; ces endroits s'appellent des portages. Lorsque ces partis sont en campagne pendant les grandes chaleurs, ils sont obligés de traisner leurs canots sur les rivieres, n'y trouvant point assés d'eau pour pouvoir naviguer; ils les laissent ordinairement à trente ou quarante lieues de l'endroit qu'ils doivent attaquer, et prenant les vivres dont ils croient avoir besoin, ils vont à l'ennemy. Ces fatigues ne seroient rien si, après s'être battus, ils n'avoient pas des blessés; quelques fois on en a beaucoup qu'il faut faire porter sur des brancards; seize hommes, qui se relevent les uns les autres, sont occupés à en porter un; comme ils marchent au travers des bois, dans des pays difficiles, et sont obligés de traverser des montagnes fort escarpées, c'est tout ce qu'ils peuvent faire. Ce ne seroit que demy mal encore, s'ils n'étoient pas poursuivis de l'ennemy et qu'ils ne manquassent pas de vivres; ces deux malheurs leur arrivent ordinairement, surtout le dernier, parce qu'ils sont obligés de marcher très doucement à cause de l'embarras que les blessés leur donnent. On se trouve, en ces occasions, réduit à de dures extremités, puisqu'on est obligé de marcher sans prendre aucune nourriture, on tache au moins de se soutenir en raclant des écorces d'arbres pour en prendre la seve, ou en mangeant de la tripe de roche.

Ces voyages, M^r, sont plus durs qu'on ne peut se l'imaginer, et si ces Canadiens ont assés de force pour pouvoir les supporter, les François qui sont accoutumés au pays y réussissent aussy bien qu'eux; ils y seroient même plus propres, conservant mieux leurs vivres. C'est dans ces sortes de courses qu'on doit les mena-ger; il est des tems où l'on ne trouve absolument rien dans les bois, et on y perit faute de nourriture quand on n'a pas assés de force pour gagner les habita-tions françoises. Il s'en trouve qui, revenant de ces partis, aiment mieux mourir au pied d'un arbre que de souffrir plus longtemps les incommodités de la faim. Ils y périroient, si on ne les forçoit de marcher et de suivre les autres; quand ils arrivent, ils sont tous meconnoissables, et ils ont besoin de beaucoup de tems pour pouvoir se remettre.

Voilà, M^r, une image imparfaite des voyages qu'il faut faire pour aller faire la guerre aux Anglois ou à des nations sauvages. Ceux qu'on fait pour aller traitter des pelleteries avec ces mêmes nations sau-vages ne sont point fatiguans, en comparaison de ceux dont je viens de vous parler, pour des personnes qui ne s'embarrassent point de faire cinq ou six cents lieues en canot, l'aviron à la main, de vivre pendant un an ou dix-huit mois de blé d'Inde et de la graisse d'ours, et de coucher sous des cabanes d'écorces ou de branches. Voila la vie que menent ceux qui vont faire la traite. Elle paroit dure et n'est adoucie que par la viande fraiche et le poisson qu'ils mangent, quand ils se trouvent dans des lieux de chasse et de pesche.

Je suis, etc.

LETTRE IVᵉ

DU CLIMAT DU CANADA ET DE LA QUALITÉ DE LA TERRE

A Quebec, le   1709.

Mᵣ,

La colonie de Canada commence depuis la riviere du Loup et finit au haut de l'isle de Montreal, dans les 45 et 48 degrés latitude nord. Elle est établie sur les deux bords du fleuve Saint-Laurent et dans les isles qui s'y trouvent; l'espace qu'elle tient est à peu près de quatre-vingt-dix lieues de long. Elle contiendroit bien davantage si on y comprenoit toutes les terres qui sont concédées depuis cette riviere du Loup jusques à l'isle Percée; mais il n'y a que très peu d'habitans, ou pour mieux dire, que quelques seigneurs qui y sont établis.

L'hiver commence en ce pays dans le mois d'octobre et ne finit qu'à la fin d'avril; toutes les rivieres, les lacs et même une partie du fleuve Saint-Laurent, gêlent pendant ce tems, et les glaces qui s'y forment sont de quatre à cinq pieds d'épaisseur. Cet hiver commence par la neige, qui reste sur la terre jusqu'au printemps et qui tombe en si grande quantité, qu'ordinairement il y en a au moins quatre ou cinq pieds. Elle produit en ce pays une sorte de mauvais tems inconnû en France. Il arrive, quand il fait grand vent, qu'il fait froid et qu'il neige en même tems ; ce tems s'appelle la poudrerie, pendant laquelle il est quasy impossible de pouvoir marcher, les yeux des voyageurs en étant offusqués et les chemins couverts de telle sorte qu'on ne peut les reconnoître.

La quantité de neige dont la terre est couverte, n'empeche pas que l'on ne se communique les uns aux autres et que même on aille dans la profondeur du bois pour y chasser. On se sert, pour cet effet, de raquettes que l'on attache à ses pieds après y avoir mis des souliers sauvages faits de peau fumée, ou, pour me servir du terme du pays, boucannée, de la figure à peu près d'un chausson ; ces raquettes ont environ trois pieds de long et quinze à seize pouces de large, allant toujours en diminuant par les deux bouts. Elles ont un bois autour dans lequel il y a deux traverses à quatre pouces de chaque bout et sont lassées partout de petites lanières de peaux larges environ de deux lignes. Nous tenons l'usage de ces raquettes et de ces souliers des sauvages de ce continent ; il se trouve d'assés bons raqueteurs pour faire quinze à vingt lieues en un jour en cet équipage. On se sert aussy de traisnes, de traineaux et de cariolles que l'on fait traisner sur la neige et sur les glaces par des chevaux ou par des bœufs. La cariolle est le carosse d'hiver, et les traisnes et traineaux sont pour mener les grains et le bois, parce que c'est la saison la plus propre et la plus facile pour tirer tout ce dont on peut avoir besoin.

Ce rude tems, Mr, fait place au printems qui commence avec le mois de may et finit bientost après, car dans la fin du même mois, on ressent de grandes chaleurs qui durent jusqu'à la fin d'aoust, que l'automne commence.

On fait pendant ce tems tous les voyages en canot. Nous tenons celuy d'écorce des sauvages; il se fait avec des varangues et lisses de cedre couvertes de plusieurs écorces de bouleau cousues ensemble avec de la racine; on met, au lieu de bray, de la gomme sur les coutures. Ces canots sont pointus et relevés par les deux bouts, vont fort bien, sont très légers et tirent peu d'eau. Il y en a qui ont jusqu'à trente-deux pieds de long et qui portent jusqu'à trois milliers pesant avec trois hommes qui les naviguent, ce qu'ils font avec des avirons de quatre à cinq pieds de long, qui leur servent pour nager et pour gouverner. C'est avec ces canots qu'ils passent des endroits où il y a des chutes d'eau, d'autres où il y en a très peu, et de grands courants pleins de roches qu'ils evitent avec beaucoup d'adresse, en tirant tantost d'un côté et tantost de l'autre; c'est aussy avec ces canots qu'ils font portage; deux hommes les portent facilement tels grands qu'ils soient.

Les sauvages en font aussy d'autres avec de l'écorce d'orme; mais ils ne durent pas longtems et ne sont propres que pour faire une expedition, aussy ne s'en servent-ils ordinairement que quand ils vont en guerre.

Sur ce gabary on en a fait avec des courbes plus épaisses, qui sont bordées de bois comme les canots en France. Ils ne sont point sujets à crever par les roches, comme ceux qui sont faits d'écorce, et ne sont pas si aisés à tourner.

Ces voitures ne laissent pas d'être assez seures, quoyqu'elles paroissent fragiles et souffrent beaucoup du mauvais tems.

Les habitans en font aussy d'arbres creusés dans lesquels ils naviguent de la même manière. Tous ces differents canots portent des voiles qui paroissent trop grandes pour leur proportion ; mais quand il fait mauvais tems on les diminue en y prenant des rys.

Toutes les terres qui se trouvent dans l'étendue de cette colonie rapportent naturellement du foin. Il s'en trouve de très bonnes et dans lesquelles on seme toutes sortes de grains. On commence à faire les semences dans les premiers jours de may et elles finissent vers le 20 juin ; les recoltes se font depuis le 15 aoust jusqu'au 15 octobre. Il est surprenant de voir si peu de tems que tous les grains sont en terre et qu'ils viennent si vite en une parfaite maturité.

Les legumes de France de toutes especes y viennent en abondance ; mais leurs graines degenerent de telle sorte, qu'on est obligé de les renouveler souvent. Les sauvages avoient la petite citrouille, le melon d'eau, la gourde et les soleils avant que les François fussent venus en ce pays. Le soleil est une fleur de la même figure de celle qui est en France, mais bien plus grosse ; elle donne quantité de graines, qu'ils pilent pour en tirer l'huile en la mettant bouillir avec de l'eau. Ils avoient aussy le blé d'Inde ; ils ne cultivent à présent que de ces choses comme ils ont fait par le passé.

On a planté en ce pays des poiriers et des pommiers de France qui y réussissent bien ; mais surtout les derniers qui rapportent beaucoup et de très bon fruit. On a aussy planté des peschers, pruniers, ceriziers et de la vigne de France ; mais ces arbres étant trop tendres au froid ont de la peine à y réussir.

Il y a beaucoup de chevaux, bœufs, vaches et cochons en ce pays ; les moutons commencent à être plus communs qu'ils n'étoient par le passé ; on y élève aussy toutes sortes de volailles.

Je suis, M^r, etc.

LETTRE V°

DES DIFFERENTES SORTES DE BOIS, DES INSECTES DU COTONNIER ET DE L'HERBE A LA PUCE

A Quebec, le   1709.

M^r,

Cette colonie est encore toute remplie de bois, il n'y a que les bords du fleuve de defrichez et quelque profondeur autour des villes et dans quelques seigneuries dont les terres se sont trouvées très bonnes.

Ces bois sont pleins de pins, sapins, pruches, épinettes, cedre blanc, tremble, érable, cerizier, merizier, prunier, bois blanc, hestre, orme, fresne, noyer, bouleau, coudre, bois dur et chesne blanc et rouge.

On y trouve aussy des épines qui rapportent de petites pommes et des senelles.

Il y a des arbrisseaux parmy lesquels est le blüet et l'atoca. Ce premier rapporte en grappe un petit fruit gros comme un pois dont le nom de bluet denote la couleur et dont les sauvages amassent beaucoup pour l'hyver. Le second croit dans les endroits marescageux et porte un fruit de la couleur et de la grosseur d'une cerise; l'un et l'autre de ces fruits ont une grande propriété pour guerir la dissenterie.

Ces bois sont pleins en des endroits d'herbe de capillaire, qui est estimée la meilleure qui soit dans le monde, de houblon et chanvre sauvage; il y a sur le bord des rivieres et des deserts des groseilliers, des framboisiers et des fraisiers qui produisent du fruit en abondance, mais surtout des framboises et des fraises.

Il y a tant d'insectes dans ces bois, qu'il est quasy impossible d'y aller l'esté. Ils sont pleins de maringouins, que l'on nomme cousins en France, de moustics et de brulots, qui sont si petits, qu'on ne peut quasy les voir, et de tons et de guespes. Ces insectes exercent la patience de ceux qui y vont en les piquant, et il faut avoir la peau faite exprès pour le pouvoir souffrir.

L'hiver quoyque très violent ne les détruit point; le maringouin gelle, ou pour mieux dire, est engourdy dans des troncs d'arbres où il se retire, mais le chaud luy redonne toute sa vigueur et le fait comme renaître. A l'egard des autres, on ne scait ce qu'ils deviennent pendant ce temps, mais on les revoit tous les ans; ce qui arrive au maringouin arrive aussy à la grenoüille; elle paroist gelée au milieu d'une glace, cependant la chaleur la fait revenir.

On y trouve aussy des couleuvres; mais elles ne font aucun mal.

Pour revenir aux arbres, M^r, je crois vous devoir marquer l'utilité de quelques uns.

La tisane faite de branche d'épinette blanche est un remede specifique contre le scorbut.

On tire du sapin, par les loupes qui se font le printems dans son écorce, une gomme qui purge et qui est très bonne pour les playes.

En faisant à l'erable, auparavant qu'il commence à dégeler et que la seve ait pris son cours, une incision en coulisse, on en tire une eau sucrée qui est très aperitive ; en l'exposant au soleil dans des barriques, on la fait aigrir, et, la laissant dans un endroit chaud pendant un an, elle se convertit en bon vinaigre. Mais quand on la fait boüillir après l'avoir tirée de l'arbre, on la convertit en sirop et puis en sucre, lequel, quoyque brun et d'un goust qui n'est pas trop agreable, ne laisse pas d'estre d'un grand secours aux habitans.

La seconde ecorce du jeune pin, que l'on a mis dans l'eau tiede pour la faire lever plus facilement, étant pilée, fait un onguent très bon pour la bruslure ; on en met sur la playe et on la lave avec l'eau dans laquelle a été ce morceau de bois ; cet onguent diminue entièrement la cuisson et donne une guerison seure sans cicatrice.

Il y a trois sortes de noyers : le noyer dur, à la fine ecorce, rapporte des noix ameres dont la coquille est fort tendre ; les sauvages en tirent de l'huile en les faisant bouillir dans l'eau après les avoir pilées. Le noyer dur à la grosse ecorce rapporte, comme le noyer tendre, un fruit qui est la troisième sorte des noix douces qui ont la coquille très dure. On peut en conserver pendant deux ans sans qu'elles se gastent, ny qu'elles se sechent, et au bout de ce tems on les mange encore en cerneaux.

Il y a des differentes fleurs, plantes et herbes, dans les bois et dans les deserts ; il s'est trouvé dans ce dernier endroit deux qui me paroissent particulieres et qui sont peu connues en France : l'une est le cotonnier et l'autre l'herbe à la puce. Cette premiere produit au bout de sa tige une fleur qui sent bon ; elle se trouve pleine d'une espece de sirop quand on la ceüille devant ou bientost après le lever du soleil ; on la fait boüillir pour pouvoir la conserver, et on en fait du sucre qui est un peu meilleur que celuy d'erable en luy donnant plus de cuisson. Cette fleur étant passée, il vient à sa place une espece de gousse de la figure de celle du poivre d'Espagne, qui est pleine d'un coton si fin, qu'on ne peut le filer.

On mange cette plante comme des asperges, dans le tems qu'elle commence à sortir de la terre.

La seconde est de deux sortes : l'une très venimeuse et l'autre qui ne l'est pas tant. Elles communiquent leur venin et causent de grandes demangeaisons à ceux qui les touchent ; l'endroit devient enflé, rouge, cuisant et douloureux ; quand il commence à se guerir, il s'y fait une petite galle. Il y a des personnes qui sont plus sujettes à ressentir le venin de cette herbe que d'autres, y en ayant à qui elle ne fait aucun mal ; mais il y en a qu'elle rend comme des lepreux et à qui elle donne la fievre. Il s'en trouve même qui pretendent en être attaquéz en la voyant, ce qui paroist bien difficile à croire.

Je suis, M^r, etc.

LETTRE VIe

DES ANIMAUX

A Quebec, le   1709.

M^r,

Si ces bois sont pleins d'insectes qui font quasy souffrir le martyre à ceux qui y vont, et dont on ne peut se deffaire qu'en faisant de grandes fumées pour les chasser, on y trouve aussy de plusieurs sortes d'animaux dont les peaux font le principal commerce de ce pays.

Ces animaux sont les orignaux, loups cerviers, martres, renards, visons, loups de bois, cerfs, pecans, carcajoux, chats sauvages et ours noir. Ce dernier se place, des les premieres neiges, dans des creux d'arbres pour y passer l'hyver et n'en sort qu'au printems. Il vit en cet état sans rien manger en y léchant seulement sa patte; et il est surprenant qu'il soit plus gras en sortant de ce cabanage qu'il n'étoit quand il y est entré.

Il y a aussy des animaux amphibies qui sont : la loutre, le rat musqué et le castor.

On fait la chasse à ces bestes sauvages pendant l'hiver; les peaux de celles qui sont prises pendant l'été ne sont bonnes à rien, quittant le poil dont elles ne sont pas bien fournies en ce tems.

Il se trouve aussy dans ces bois d'autres animaux

dont les peaux n'ont aucun debit ; parmy eux est le porc-epy, la beste puante, l'écureuil et la belette blanche.

Ce premier est de la grosseur d'un chien et a les jambes courtes, ce qui fait qu'il va très doucement et est bientost pris par les chiens qui le poursuivent, ausquels il darde son poil ; comme il y a de petits acrots, le mouvement que se donne le chien fait qu'il entre davantage, ce qui le fait souffrir beaucoup et seroit capable de le faire mourir si son maitre n'avoit soin de le retirer l'un après l'autre. C'est l'opinion de la plus part que cet animal se deffend de cette maniere pour n'estre point pris ; d'autres disent que le chien voulant le mordre, il le bat de sa queue, et que par ce moyen, il luy laisse de son poil. La chair de cet animal est assés bonne et a le goût du cochon de lait. Son poil est dans de petits tuyaux, dont les sauvages se servent après l'avoir teint pour embellir les ouvrages d'écorce qu'ils font.

La seconde est de la grosseur d'un chat et a le poil noir et blanc ; elle se deffend du chasseur et de ses chiens par son urine qu'elle tache de leur jetter dans les yeux, laquelle est d'une si grande puanteur qu'on la sent à un quart de lieue, et que les endroits dans lesquels elle est tombée n'en perdent l'odeur que trois semaines ou un mois après, telle pluye qu'il fasse.

Le troisième est de trois sortes : l'ecureuil roux, qui est comme celuy de France ; un autre, qu'on appelle ecureuil volant, lequel est gris de souris, a des aisles de peau et vole d'arbre en arbre, et le dernier s'appelle le suisse, qui a le poil par bande rousse et blanche.

Il y a une sorte de belette dont le poil est gris l'été et devient blanc l'hyver; elle a le bout de la queüe noir. On prétend que c'est une espece d'hermine; mais elle n'a pas le poil ny si long ny si bien fourny que celle qu'on prend dans le nord d'Europe.

Je suis, M^r, etc.

LETTRE VIIe

DE L'INDUSTRIE DES CASTORS A FAIRE DES CHAUSSÉES ET LEURS CABANES

A Quebec, le   1709.

M^r,

L'industrie du castor à la construction de sa cabane et des chaussées qu'il fait pour arrester des ruisseaux qui forment ensuite des lacs, et la conduite qu'il tient dans cet ouvrage où il paroit quelquechose de plus que l'instinc, me font croire que vous serés bien aise d'apprendre en detail comme il fait tout ce travail.

Le castor est un animal trapû, fort ramassé, de la grosseur d'un mouton d'un an, ayant les jambes courtes et les os durs et plus gros par proportion que ceux des autres animaux; il a la teste grosse, quatre

dents dans le devant de la gueulle, dont deux en haut
et deux en bas, et la queuë platte, d'environ quatre
pouces de large et de huit à dix pouces de long,
couverte d'une peau noire qui ressemble à l'ecaille de
poisson. Il coupe avec ses dents de très gros arbres,
porte avec sa gueulle et sur son dos de la terre grasse
et maçonne avec sa queuë, qui luy sert de truelle.

Les castors habitent toujours sur le bord de l'eau,
et c'est en cet endroit où ils construisent leur cabanage. Auparavant que de le faire, ils arrestent le ruisseau sur le bord duquel ils veulent s'établir; ils
coupent pour cet effet de très gros arbres, qu'ils ont
attention de faire tomber du côté qui leur est le plus
commode pour pouvoir les placer facilement à l'endroit
où ils veulent les mettre; c'est avec ces arbres, qu'ils
debitent par bille, des branches d'arbres et de la terre
grasse, qu'ils forment des chaussées de dix à douze
pieds de haut, de trois à quatre pieds d'epaisseur et
de la longueur que la scituation du lieu le demande
pour gagner des endroits ecores. Il est facile de comprendre comment ils établissent le fond de cette digue;
ils tirent, poussent et roullent les arbres dont ils
veulent se servir, mais il est difficile de s'imaginer
comme ils peuvent placer ceux qu'ils mettent dessus.
L'industrie leur en a fourny ce moyen. Ils les traisnent
dans l'eau, qui les tient à flot, et puis, les approchant
des premiers à force de les soulever et de les tirer, ils
les posent dessus : ces chaussées sont très fortes et difficiles à deffaire. Elles sont aussy fort étanches par le
soin de ces animaux, qui tous les jours en vont faire la
visite et raccomodent les endroits où il pourroit se faire

des crevasses et des ravines. Après que ce travail est finy, ils font celuy de leur cabane; c'est un echafaut de bois entrelassé, posé partie sur terre et partie à un demy pied du niveau de l'eau sur laquelle ils la font. Ils la construisent de branches d'arbres entrelassées avec de l'herbe, en forme de four sur la partie qui est sur l'eau. C'est en cet endroit où ils se retirent, au milieu duquel il y a un grand trou par lequel ils vont tous dans l'eau, et d'où ils gagnent terre pour aller manger toutes sortes de bois, mais surtout celuy de tremble, qu'ils ayment mieux que les autres. Ils font des amas l'automne pour l'hiver, et les sauvages pretendent connoître, par la grande quantité ou le peu de bois qu'ils amassent, si l'hyver sera court ou long. Ils croient que ces animaux sont une nation; ils leur voient tant d'esprit, qu'ils ne peuvent s'empecher de les comparer à eux. Mais, M^r, si vous leur avez veu beaucoup d'industrie et de prevoyance de ce que je viens de vous marquer sur leur sujet, vous leur trouverés quelquechose qui approche bien de l'esprit dans la conduite qu'ils tiennent pour la construction de ces ouvrages, qu'on peut appeller ouvrages publics par rapport à eux. Ils choisissent un d'entre eux pour les commander dans ce travail; c'est luy qui leur fait faire leur devoir, qui les chastie quand ils y manquent et qui les chasse quand ils sont trop paresseux : c'est ce qui produit le castor terrier. Ce castor, chassé des cabanes, devient vagabond et se refugie dans des trous en terre qu'il trouve naturellement faits; on le distingue facilement des autres, ayant peu de poil et étant très maigre.

Cet animal produit beaucoup, faisant cinq ou six petits à la fois. On luy fait la chasse de deux differentes manieres; la plus commune est de faire des attrapes dans lesquelles on met du bois de tremble; d'autres deffont leurs cabanes, et, comme ils sont tous obligés de se jetter dans l'eau d'où il faut qu'ils sortent la teste quelque tems pour pouvoir respirer, on les tuë en ce tems à coups de fusil. Il y en a aussy qui se servent de retz, qu'ils mettent dans l'eau pour les prendre; mais il les faut retirer d'abord que le castor s'est pris, parce que ces retz seroient bientost coupés.

C'est de la peau de cet animal dont on tire le poil qui sert à faire les chapeaux.

Ses rognons entrent dans la composition de plusieurs remedes. Sa chair est assés bonne à manger; comme il est presque toujours dans l'eau, il est permis d'en manger les jours maigres.

Je suis, M^r, etc.

LETTRE VIIIe

DU GIBIER DE TERRE

A Quebec, le   1709.

M^r,

Si on trouve bien des insectes et de differents animaux dans ces bois, on y trouve aussy du gibier. Il est de deux sortes : l'un sédentaire, et l'autre passager. Le gibier sédentaire est le lievre et la perdrix. Ce premier est gris l'été et devient blanc l'hiver ; il ne quitte jamais le bois, quoyqu'il soit poursuivi des chiens.

Le second est de deux sortes : l'un est la perdrix grise, et l'autre tirant sur le noir. Elles sont grosses comme les gelinottes de France, font leur nid sur la terre, où elles se mettent la nuit, et perchent le jour sur les arbres. Elles se retirent l'hiver dans les sapinieres et cedrieres pour estre plus à l'abry des mauvais tems, le bois y étant plus épaix ; c'est dans ces endroits qu'elles y vivent de bourgeons d'arbres. Quand c'est de celuy du sapin, leur chair en prend si bien le goust, qu'il est quasy impossible d'en pouvoir manger, aussi bien que du lievre quand il prend de pareille nourriture. Le gibier passager est la perdrix blanche et la tourterelle. On n'a de cette premiere que dans les hyvers très rudes, pendant lesquels le froid excessif la chasse du nord. Elle vient dans les bois de cette colonie ; elle est de la grosseur et de la même nature des autres, excepté qu'elle est grise l'esté et blanche l'hyver ; son gout approche fort de la bécasse de France.

La tourterelle est semblable au bizet ; elle vient le printems en ce pays pour y couver et se place ordinairement dans les hetrieres. Elles sont en si grande quantité, qu'elles occupent des quatre lieues de terrain, et il n'y a guere de branches dans tous les arbres où il n'y ait un nid. Cet oiseau fait deux œufs à chaque ponte, et quand elle veut en faire une nouvelle, elle change de lieu. Ces endroits sont très infectés de la fiente de ces oyseaux, qui couvent, mâle et femelle, chacun à leur tour et vont chercher de même à manger pour leurs petits.

Quand un sauvage a découvert l'endroit où ce gibier fait son nid, il en informe le village, et les autres sauvages n'y vont point sans son consentement ; ils ont une grande attention de voir quand les petits peuvent s'envoler. Auparavant qu'ils le puissent faire, tout le village y va, et ils prennent une quantité innombrable de ces petits, dont ils font de l'huile en les faisant boüillir dans de l'eau, et ensuite les font seicher sur des clayes pour pouvoir les conserver.

Les jeunes tourtres seroient très bonnes à manger si elles ne sentoient pas le nid, ce qui leur donne un gout un peu desagreable ; pour les vieilles, elles sont presque toutes dures.

Je suis, M^r, etc.

LETTRE IX°

DU GIBIER DE RIVIERE ET DES OISEAUX

A Quebec, le   1709.

M^r,

Il y a en ce pays une grande quantité de gibier de rivière; on en voit de toutes les sortes pendant l'été. On y trouve des outardes, des oyes bernaches, des canards et cercelles de plusieurs especes differentes. Le canard branchû en fait une ; il habite l'eau comme les autres, mais il se met aussy sur les arbres et y fait son nid dans les trous. Quand ses petits sont un peu forts, il les prend avec son bec et les porte dans l'eau; le masle est d'un très beau plumage et a une hupe sur la teste dont les couleurs sont très vives; ce gibier a la chair bonne et délicate.

Je mettray parmy ce gibier celuy qui habite dans les endroits marecageux ou sur le bord des rivieres, comme la becassine, la becasse, le ralle, le pluvier, le chevalier, le corbigeau et l'allouette, dont il y a de plusieurs sortes. Tous ces gibiers sont assés bons, mais il faut les manger presque aussitôt qu'ils sont tués, parce qu'ils sentiroient l'huile si on les gardoit quelques tems.

Il y a aussy icy une grande quantité d'oïseaux et de plusieurs especes differentes. Il s'en trouve d'un très beau plumage et de couleurs très vives. Il en reste peu l'hiver; ils vont pendant ce tems chercher un climat plus doux et plus temperé; entre ceux qui s'en vont, l'oyseau mouche me paroit fort particulier. Il est très petit, il a les plus belles couleurs qu'on puisse voir, et vit du suc des fleurs, qu'il tire avec sa langue en se soutenant toujours sur ses aisles. L'oyseau blanc est un de ceux qui restent en ce pays; il devient l'hiver de cette couleur, quittant la couleur grise qu'il a pendant l'été; il est de la grosseur du moineau, et n'est bon à manger que quand il fait froid, devenant gras dans ce tems.

Parmy cette quantité d'oyseaux, il se trouve des oyseaux de proye, dont les uns font la guerre au gibier et au petit oyseau, d'autres aux couleuvres et aux grenoüilles; il y en a aussy qui la font aux poissons de la même maniere que l'epervier la fait à la perdrix. Il y a une sorte de grenoüille qui est très grosse, qu'on appelle des *bœufs,* parce qu'elles beuglent aussy fort qu'un taureau; elles mangent les petits canards.

Il y a aussi beaucoup de tortuës dans les petites rivieres et dans les endroits marecageux; il s'en trouve qui pesent quinze à vingt livres, leur chair est fade, leurs œufs sont fort bons, elles les enterent dans le sable, où la chaleur du soleil les fait eclore.

Je suis, M^r, etc.

LETTRE X[e]

DU FLEUVE SAINT-LAURENT, DE SA NAVIGATION ET DES PESCHES QUI S'Y PEUVENT FAIRE

A Quebec, le　　　　1709.

M[r],

Le fleuve Saint-Laurent, sur lequel est scituée cette colonie, peut passer pour un des plus beaux fleuves du monde; la marée y monte cent cinquante lieuës, et il a trente lieuës à son embouchure, à prendre depuis l'Isle Percée jusqu'aux Sept Isles. Je fais commencer cette colonie à quatre-vingt-dix lieues de cette embouchure.

C'est dans cet espace, du costé du sud qu'habitent partie des sauvages Mikemaks, dont je vous parleray dans la suite, et qu'on peut faire la pesche de la moruë et du hareng.

A l'égard du costé du nord, c'est où habitent les sauvages Montagnais dont je vous parleray aussi, et qu'il y a une traitte du Roy établie à Tadoussac pour commercer avec eux. Cette traitte est une partie du domaine de Sa Majesté en ce pays, et il n'y a que celuy à qui elle est affermée qui puisse y faire le commerce.

On pourroit dans ce bas du fleuve faire aisement la pesche de la baleine et du loup marin. L'huile qu'on tire de ce dernier est bonne à brusler et n'a aucune mauvaise odeur ; on passe les peaux de cet animal en noir comme le maroquin, et elles se trouvent d'un très bon usage.

On pourroit aussy faire la pesche du saumon dans les rivieres qui tombent dans cet espace, celuy que l'on y prend est bien meilleur et bien plus gros que celuy que l'on pesche dans cette colonie.

Ce fleuve est fort aisé à naviguer jusqu'à Tadoussac, qui est la fin de ces quatre-vingt-dix lieues, quand on a attention de tenir la coste du nord, parce que les vens en dépendent toujours ; mais quand on a passé cet endroit, on tombe tous les jours de perils en perils, et la navigation, pour arriver à Quebec, en est aussy dangereuse que difficile.

Un peu au dessus de Tadoussac, on a etably sur des battures de grands parcs pour prendre du marsoüin blanc dont il y a quantité ; cette pesche n'a reussy qu'une seule année depuis qu'on l'a etably. Le marsoüin rend de l'huile qui sent très mauvais et dont on ne peut se servir que pour les tanneries, et sa peau n'est d'aucun usage.

Toutes les rivieres qui tombent dans ce fleuve sont très poissonneuses, et les lacs qui sont dans les terres se trouvent pleins de truittes et d'autres poissons. On prend dans la partie du fleuve qui passe vis à vis les habitations de cette colonie, des bars, du saumon, des maskinongé, brochets, alozes, perches, carpes, esturgeons et plusieurs autres sortes de poissons ; mais ils n'approchent n'y en bonté n'y en qualité de ceux de France. On fait, l'automne, une très grande pèche d'anguilles, qui descendent des lacs et

des marais des Iroquois; on les prend avec des clayes
et des nasses. On salle cette anguille comme le hareng
pour la manger l'hiver; comme elle est fort grasse,
on en tire aussy de l'huile.

Je suis, M^r, etc.

LETTRE XIe

DE LA COLONIE DU CANADA, DES VILLES QUI Y SONT ET DE LA VILLE DE QUEBEC

A Quebec, le   1709.

M^r,

L'établissement de ce pays a commencé sous le
règne de Louis le juste, qui le remit en 1628 entre
les mains d'une compagnie pour le faire établir et pour
en faire le commerce. Deux choses porterent ce prince
à cet établissement : l'augmentation du commerce qu'il
procuroit par ce moyen à ses sujets, et l'envie qu'il
avoit de faire annoncer la veritable religion aux sauvages. Ces grands et pieux desseins ont été exactement suivis par Louis quatorze notre invincible
monarque, lequel encore plus grand par sa pieté et sa
prudence que par ses victoires, retira en 1663 ce
pays des mains de cette compagnie pour travailler par
luy même à procurer ces biens à ses sujets et à ces
sauvages. Ses soins benits du Ciel et conduits par sa

sagesse ordinaire ont reussy; le commerce des François s'est étably et s'augmente de plus en plus dans
cette partie de l'Amerique. Plusieurs des nations sauvages qui nous sont connuës ont des missionnaires qui
les instruisent dans la foy; elles les souhaitent, elles en
demandent, et on peut esperer qu'elles seront toutes
un jour dans le bon chemin. Il y en a beaucoup qui
depuis leur instruction sont bons catholiques et qui
font honte par leur pieté et leur exactitude au service
divin à la pluspart des François qui n'ont point cette
ferveur qu'on voit paroitre dans ces sauvages.

Il y a trois villes dans cette colonie, celle de
Quebec en est la capitale, elle est scituée par les
45 degrez 52 minutes et à 120 lieuës de l'entrée
du fleuve, c'est le séjour ordinaire du gouverneur et
lieutenant général que Sa Majesté envoye dans ce pays
lequel en est aussy le gouverneur particulier, celuy
de l'intendant, le siege de l'evesque et où le conseil
superieur qui juge souverainement de tous les procez
qui arrivent entre les particuliers est etably. Ce conseil est composé du gouverneur, de l'evesque, de l'intendant, qui y fait les fonctions de president, de
douze conseillers dont il y en a onze laïcs et un clerc,
d'un procureur general et d'un greffier. Il y a aussy
une premiere jurisdiction qui se nomme la prevosté,
laquelle est composée d'un lieutenant general, d'un
lieutenant particulier, d'un procureur du roy et d'un
greffier.

L'etat major est composé d'un lieutenant du roy et
d'un major. Sa Majesté entretient en cette ville un
commissaire d'artillerie, un ingenieur, un maître

d'hidrographie qui est obligé de tenir ecole publique,
un maître canonier et un armurier pour avoir soin de
la salle d'armes. Elle y entretient aussy un medecin
et deux chirurgiens pour l'hopital. Auparavant que de
vous parler de l'etimologie du nom de cette ville, je
crois devoir le faire de celle de ce grand continent.
Il a été découvert par les Espagnols lesquels y ayant
mis pied à terre et n'y trouvant rien de considerable
l'abandonnerent aussitost; on n'y trouve point aussy
n'y du costé du climat n'y de celuy de la richesse ce
qui peut arrester ces peuples dans un pays. Ils le
nommerent Capodynada c'est-à-dire Cap de rien, dont
il est venû par corruption le nom du Canada.

Pour le nom de cette ville, comme elle est scituée
en partie sur un gros cap qui avance beaucoup et qui
fait une espece de bec dans le fleuve, les premiers qui
le virent qui étaient Normands, remarquant la figure
qu'il faisoit se mirent à dire les uns aux autres :
Queubec ! Depuis ce tems cet endroit a porté ce nom
et on l'a donné à la ville qui y est bastie.

Cette ville est partagée en haute et basse : celle-ci
est sur le bord du fleuve et est toute remplie de
maisons; il y a une eglise qui est un ayde de la
paroisse de la haute ville, et une maison des sœurs
de la Congregation, desquelles je remets à vous parler
dans la description que je vous feray de la ville de
Montreal. C'est vis à vis de cette basse ville que les
vaisseaux moüillent; la rade y est d'une bonne tenüe
et se trouve deffendüe par une platte forme de pierre
où il y a plusieurs pieces de canon de 24 livres de
balles en batterie; à côté de cette platte forme

on échoüe les barques et l'on les fait hyverner. Cet
endroit s'appelle le Cul de Sac, il y a peu d'eau et un
navire de cent vingt tonneaux ne pourroit pas s'y
echouër assés haut pour y estre en seureté.

Je suis, Mr, etc.

LETTRE XIIe

DE LA HAUTE VILLE DE QUEBEC, DU FAUBOURG SAINT NICOLAS ET DE L'HOPITAL GENERAL

A Quebec, le   1709.

Mr,

On monte de la basse ville dont je viens de vous
parler à la haute par une côte très roide et très mauvaise. On voit sur le haut du rocher le château Saint-
Louis, qui sert de logement au gouverneur, à côté
duquel il y a deux batteries garnies chacune de plusieurs canons qui battent toutes deux sur la rade.
C'est dans cette haute ville qu'est baty le palais epis-
copal, la cathedrale qui sert de paroisse, un seminaire qui est à côté qui dépend de celuy des Missions
Etrangeres de Paris, les Jesuites, les Recollets, les
Ursulines et l'hopital. Toutes ces maisons ont tous les
ans des pensions de Sa Majesté, laquelle aussy atten-
tive à faire du bien aux sauvages qu'à ses propres
sujets paye les Jesuites pour les missions de ces

sauvages, et pour les classes destinées à l'instruction
de la jeunesse, les Ursulines pour prendre soin des
filles sauvagesses et les instruire, le seminaire pour
former des prestres pour les cures et pour la subsistance de ces curés après qu'ils ne peuvent plus servir,
l'hopital pour les secours qu'il donne aux pauvres
malades tant françois que sauvages, les Recollets pour
le service qu'ils rendent au public fournissant de leurs
sujets pour les cures et pour les missions sauvages.
Je ne finirois point, Mr, de vous marquer tous les dons
annuels de Sa Majesté, j'aurois bien plus tost fait en
vous disant que toutes les maisons religieuses et les
etablissements qui peuvent procurer l'avantage de
cette colonie s'en ressentent. Cette haute ville n'est
pas si remplie de maisons que la basse, il y a bien
plus de terrain ou en jardins ou en vuide que de batiments ; les ruës en sont très raboteuses, le fond
n'étant que du roc ; elle est entourée de pieux, ter-
rassée avec des cavaliers d'espace en espace garnis de
canon ; mais depuis quelques années on a commencé
une enceinte de pierre en descendant sur le bord de
la petite riviere Saint-Charles. Il y a un petit fauxbourg qui se nomme le fauxbourg Saint-Nicolas. C'est
dans cet endroit qu'est bâti le palais où l'on rend la
justice, l'intendance et les magasins du roy ; il y a
aussi une maison et une chapelle qui s'appelle Saint-
Roch et un jardin qui appartient aux Recollets.

En sortant de ce fauxbourg on trouve un grand
magasin où on a fait autrefois de la potasse ; mais le
sieur de la Chenaye qui avoit entrepris cet établissement étant mort, on ne l'a point continué.

Ensuite de ce magasin est la maison où logeoit ce negociant qui s'appelle la maison blanche. A un demi quart de lieuë ou environ de ce fauxbourg est l'hopital general qui est desservi par des religieuses du même ordre que celles de l'hopital de cette ville; l'endroit où elles sont presentement s'appelloit Nôtre Dame des Anges et a été le premier etablissement des Recollets, qui l'ont cedé à M. de Saint Valier, à present évêque de ce pays, qui est leur fondateur moyennant du terrain qu'il leur a donné dans la ville.

Je suis, M^r, etc.

LETTRE XIIIe

DE LA VILLE DE TROIS-RIVIERES ET DU DESERT DU DIABLE

A Quebec, le   1709.

Mr,

Tous les voyages qu'on fait l'eté en ce pays se font en canots, c'est avec ces voitures qu'on va aux deux autres villes de cette colonie, lesquelles sont scituées comme celle de Quebec sur le bord du fleuve du côté du nord.

La premiere qui se trouve après celle cy est celle des Trois-Rivieres qui en est à trente lieuës batie sur un terrain sabloneux et au dessus d'une riviere qui tombe par trois chenaux dans le fleuve; on a donné à ces chenaux improprement le nom de riviere, et ce sont eux qui ont donné le nom à cette ville ; elle est petite, peu peuplée et d'un petit commerce qu'elle fait avec deux missions de sauvages Abenakis, qui sont établis aux environs et avec quelqu'autres sauvages qui descendent du nord par cette riviere qui en est proche. Il y a un gouverneur et un major. Il y a aussy une jurisdiction royale composée d'un lieutenant civil et criminel, d'un procureur du roy et d'un greffier, qui connoissent des procès des habitans du gouvernement de cette ville qui commence à la seigneurie de sainte Anne, lieu auquel finit celuy de Quebec, et va jusqu'a la seigneurie de Sorel qui est le commencement de celuy de la ville de Montreal. Les appellations de cette jurisdiction ressortissent au conseil superieur étably à Quebec. Le roy y a un magasin pour fournir la subsistance aux troupes qui y tiennent garnison ; la paroisse est desservie par un Recollet dont il y a un couvent, aussy bien que d'Ursulines lesquelles tiennent un hopital pour le soulagement des malades, cette ville est entourée de pieux et la pluspart des maisons ne sont que de colombage et de pieces de bois mises les unes sur les autres. On trouve en allant à Montreal un endroit où il passa il y a dix ans un ouragan qui rompit et deracina tous les arbres, et traversa de là au sud ; cet espace de terrain, qui est large de 4 arpens, a été nommé par le peuple, le desert du Diable ; on en a cherché le bout, mais on n'a pu le trouver, et l'on pretend qu'il va jusqu'au nord.

Je suis, Mr, etc.

LETTRE XIVe

DE LA VILLE DE MONTREAL

A Quebec, le   1709.

Mr,

Cette ville est située dans une isle et porte deux
noms qui sont celuy de Montreal et de Villemarie, elle
tient l'un de l'usage et du public, l'autre de M*s du
seminaire qui y est étably et qui dépend de celuy de
Saint-Sulpice à Paris ; ils en étoient autrefois les seigneurs aussy bien que de toute l'isle ; mais depuis
quelques années ils en ont cedé la haute justice à Sa
Majesté, s'étant reservé le greffe de la ville et tous
les cens et rentes. Le premier nom luy vient de l'isle
où elle est scituée, laquelle a pris le sien d'une grosse
montagne qui est au milieu qui fut nommée Mont-
royal ; par corruption on a appelé la montagne, l'isle
et la ville, Montreal[1]. Cette isle est la plus belle de

---

[1] La fondation de Montréal est due à la *Société de Notre-Dame de
Montréal*. M. de Maisonneuve prit possession de l'île en 1642 (voir
Les Jésuites et la Nouvelle-France, t. I, ch. V), et, à la demande des
associés, les jésuites acceptèrent l'administration de l'église de Villemarie jusqu'à l'arrivée des sulpiciens. Ceux-ci remplacèrent, en
1657, les jésuites dans le gouvernement de cette paroisse et dévelop-
pèrent admirablement l'œuvre commencée. En 1660, M*r de Laval
visita Montréal, et, après sa visite, il écrivit au Général, Goswin
Nickel, le 31 octobre 1660 : « Ad montem Regium cum hâc æstate
visitaturus ascendissem, reperi magnum illic esse apud Gallos Patrum
societatis vestræ desiderium, qui indè recesserant antè tres annos,
cùm eo appullisset Dnus abbas de Queylus, societati vestræ paulo

ce pays, les terres y sont bonnes et le climat y est plus temperé qu'à Quebec.

La ville est assés grande et bien peuplée; il y a un gouverneur, un lieutenant du roy, un major, il y a aussy une jurisdiction composée d'un lieutenant general, d'un procureur du roy et d'un greffier. Ses appellations ressortissent au conseil superieur de Quebec.

C'est en cette ville que se fait le plus grand commerce des sauvages, tant avec trois missions qui en sont proches qu'avec les sauvages des terres et des lacs qui y descendent pour traiter.

Le gouverneur et le lieutenant general y passent la plus grande partie de l'été pour les affaires de ces sauvages, et l'intendant y monte tant pour ces mêmes affaires que pour celles de la justice.

La cure de la paroisse est reunie au seminaire aussy bien que toutes celles de l'isle. Il y a une maison de

iniquior; reperi neminem illic esse inter sæculares presbyteros qui rem christianam curet apud Barbaros subindè illic adventantes. Muneris mei esse existimavi unum aliquem è Patribus societatis vestræ eo destinari, qui et Gallis nostris auxilio esse possit et Barbaris tùm neophytis christianis tùm infidelibus ad fidem vocandis. Messis hic multa, operarii pauci; ad unam societatem vestram recurram auxilium petiturus; sic enim sentio coram Deo nullibi usquam efficaciores operarios reperturum me qui huic vineæ Domini mecum allaborent, magis unanimes in domo Domini. » Mgr de Laval n'eut pas à faire appel aux jésuites. Les sulpiciens fondèrent bientôt des paroisses, élevèrent des églises, favorisèrent l'ouverture d'écoles, et tout cela au prix de grands sacrifices. En 1672, ils fondèrent sur les flancs de la montagne, à une demi-lieue de Montréal, une mission d'Hurons, d'Algonquins, d'Iroquois et d'autres Indiens; et plus tard, la mission de la *jeune Lorette,* qui donna naissance à la paroisse du Sault-au-Recollet, la paroisse de la Pointe-aux-Trembles et le village de Lachine.

Jesuites, un couvent de Recollets, un hopital pour les malades desservy par des religieuses ou des sœurs de la congregation de Notre-Dame. Cette institution a été faite en ce pays par la sœur Bourgeois, laquelle obtint des lettres patentes de Sa Majesté, en 1671 [1]. Ces sœurs ne sont point cloistrées et ne doivent point faire de vœux ; elles instruisent les jeunes filles et leurs aprennent à lire, écrire et travailler ; il y a plusieurs seigneuries où il y en a d'établies et où elles font un grand bien par l'instruction qu'elles y donnent à la jeunesse.

Cette ville est entourée de pieux ; le Roy y a des magasins, et c'est chez elle et dans son gouvernement que presque toutes les troupes de ce pays qui sont au nombre de vingt huit compagnies composées de 30 hommes chacune sont en garnison, parce que cet endroit du pays se trouve plus exposé, à cause de la proximité, aux insultes des Anglois et des sauvages, que celuy de Quebec et des Trois-Rivieres ; c'est pour cette raison aussy qu'il y a dans chaque seigneurie un fort où les habitans se retirent en tems de guerre.

Il y a un hopital general proche de cette ville pour les pauvres necessiteux ; le sieur Charon, marchand de ce pays, est le fondateur de cette maison et obtint des lettres patentes de Sa Majesté pour cet etablisse-

[1] On lit dans les *Évêques de Québec, notices biographiques,* par M⁣ᵍʳ Henri Têtu, p. 38 : « M⁣ᵍʳ de Laval sollicita lui-même, en 1669, des lettres patentes du Roi pour l'établissement définitif de l'Hôtel-Dieu de Montréal, qui existait déjà depuis dix ans ; et, en 1676, il approuvait par un mandement la congrégation de Notre-Dame, fondée à Ville-Marie par la vénérable sœur Bourgeois. »

ment en 1694[1]. En traversant du côté du sud, on trouve le fort de Chambly lequel n'est éloigné en passant par les terres que de cinq lieuës de cette ville ; c'est un fort qui est scitué sur une riviere par laquelle les Anglois peuvent venir en cette colonie, il y a une garnison avec un officier qui la commande[2].

Je suis, Mr, etc.

[1] La congrégation des *Frères Charron* fut établie à Montréal en 1688, par Jean-François Charron, Pierre de Bert et Jean Fredin. Le but de cette société était d'avoir soin des pauvres et des malades, et de former des maîtres pour ouvrir des écoles dans les paroisses. Charron, abandonné de ses amis, offrit sa fortune pour la fondation de l'hôpital. Le séminaire de Saint-Sulpice donna le terrain. Le 25 avril 1701, les *Frères Charron*, ou *Frères hospitaliers de Saint-Joseph de la Croix*, prirent l'habit, au nombre de six. Le fondateur mourut en 1719, et, en 1745, les *Frères hospitaliers* disparurent entièrement. (Voir les *Évêques de Québec*, par Mgr H. Têtu, p. 127 et 128.)

[2] Le fort Chambly fut construit, en 1665, au pied du rapide qu'on rencontre en remontant la rivière Richelieu, dite d'abord des Iroquois, et reçut le nom de *Saint-Louis ;* « mais M. de Chambly, capitaine au régiment de Carignan, qui en eut la direction et le commandement, ayant depuis acquis le terrain, où il était situé, tout ce canton et le fort de Pierres, qu'on a depuis construit sur les ruines de l'ancien, portent présentement le nom de Chambly. » (*Histoire de la Nouvelle-France,* par le P. de Charlevoix, S. J., petite édit. de 1744, t. II, p. 151.)

LETTRE XVe

DU COMMERCE DE LA VILLE DE QUEBEC, DU COMMERCE GENERAL DU PAYS ET DU DOMAINE DE SA MAJESTÉ

A Quebec, le   1709.

Mr,

En vous parlant de la ville de Quebec je ne vous ay point parlé de son commerce; j'attendois à le faire après vous avoir escrit des deux autres villes; comme celle cy est le sejour des navires, elle fait le commerce general du pays, toutes les pelleteries y sont apportées pour estre venduës ou troquées contre des marchandises de France. Elle ne laisse pas d'en faire aussy par elle même des marchandises qui luy sont apportées par les sauvages hurons qui en sont proches, par les François qui vont à la chasse dans le bas du fleuve et par la traitte de Tadoussac.

Ce commerce de pelleteries consiste en castors, martres, loups cerviers, visons, ours noirs, loups de bois, pekans, chats sauvages, loutres, carcajous, pichons et renards rouges, argentés et noirs; ce dernier est très rare et très cher. Il se fait aussy un commerce de peaux d'orignaux, cerfs, chevreuils et caribou.

Ces pelleteries font le principal commerce de cette colonie, on y fait aussy celuy des huiles de marsoüin et de loup marin, des peaux de ce dernier animal

passées en maroquin, de saumon et de moruë seiche ;
ce que produisent toutes ces choses monte à très peu ;
depuis quelques années on transporte du bled, des
legumes et du bœuf salé de ce pays, pour les isles et
pour Plaisance, je crois que c'est le meilleur commerce et le plus seur pour cette colonie qui pourroit
aussy faire par rapport au bois le même commerce que
font la Suede et la Norvege.

Il y a des mines de fer dans ce pays qui se trouvent
dans le gouvernement des Trois-Rivieres ; on prétend
qu'elles sont abondantes et de bonne qualité ; elles
procureront encore un commerce quand elles seront
exploitées aussi bien que celles de plomb qu'on a
decouvertes dans le lac Champlain.

Cette colonie est encore une colonie naissante. Elle
a longtems souffert par la guerre des Iroquois. Elle
souffre aussy beaucoup par les guerres qui se font en
Europe, lesquelles sont cause que les marchandises
qu'on apporte sont très cheres. Elle n'est pas fort
peuplée n'y ayant que seize à dix sept mille âmes, les
femmes et les enfans compris ; une bonne paix et une
augmentation d'habitans la mettront dans un état un
peu plus heureux et luy feront entreprendre de nouveaux commerces.

Le domaine de Sa Majesté consiste en la traitte de
Tadoussac, en droits d'entrées sur les vins, eau de vie
et tabac, quart du castor, dixième des orignaux, ceux
sur les emplacements des villes de Quebec et des Trois-
Rivieres et sur la banlieue de cette premiere.

Comme toute cette colonie est concedée en seigneuries et que la coutume de Paris y est observée, Sa

Majesté en retire le quint à chaque vente, ce qui compose aussy une partie de son domaine.

Je suis, Mr, etc.

***

LETTRE XVIe

DU PAYS DES ESQUIMAUX

A Quebec, le   1709.

Mr,

Auparavant de vous descrire l'esprit, les mœurs et les coutumes des sauvages en général, je crois devoir vous parler de certains sauvages qui habitent depuis le detroit d'Hudson jusqu'à celuy de Belisle, lesquels n'ont aucun rapport avec les autres nations de ce continent; on diroit que ce sont d'autres hommes par leurs habillemens et leurs manieres, ce sont les Esquimaux[1]. Il paroit extraordinaire que toutes les nations sauvages qui habitent cette partie de l'Amerique ayant quelque rapport ensemble, cellecy se trouve placée dans cette même terre, sans se rapporter à aucune; on croit que ce peuple s'est formé de Basques dont les vaisseaux

[1] Voir, sur ces sauvages, la XIe lettre du *Journal historique*, du P. de Charlevoix, t. v, p. 263 et suiv., de l'édition en six volumes, imprimée chez Pierre-François Giffart, 1744. Le P. de Charlevoix n'a jamais visité le pays des Esquimaux; mais ce qu'il en dit est conforme à ce qui est écrit dans la présente *Relation*, à l'exception de certains traits du *caractère* de ces sauvages.

ont pery en cette coste en venant faire la pesche de la baleine et de la moruë; d'autres pretendent qu'il y a eu autresfois une colonie danoise à la coste de Labrador, laquelle a été pour la plus grande partie detruite par les tremblemens de terre, et que cette nation en vient; toutes ces choses sont si incertaines qu'on ne peut y asseoir aucun jugement.

Ces Esquimaux sont errans et habitent depuis le 52 degré jusqu'au 60 degrés nord. On les croit très nombreux et il y en a quantité tous les ans dans les isles qui sont dans le detroit de Belisle d'où ils passent en Terreneuve.

Le pays qu'ils habitent est très froid, le printems ne commence qu'au mois de juin, et l'autonne finit au mois de novembre; pendant ce tems quoy qu'il y fasse quelques fois des chaleurs excessives, il y fait des jours très froids. La neige commence à tomber à la fin de novembre et dure jusqu'à la fin de may, elle n'est pas plustôt sur terre que le pays se trouvant fort decouvert, elle est battuë par le vent, si bien qu'on n'a que faire de raquettes pour marcher; la mer y gelle depuis la terre ferme jusqu'aux isles. Ce pays est couvert de mousses et de roches pelées; on y trouve peu de bois, excepté dans les bayes, sur le bord des rivieres et au tour des lacs où il y a des epinettes, du sapin et du bouleau. Le terrain est si aride et le climat si froid qu'il n'y vient point de bois franc; il n'y a aussy aucun fruit si ce n'est des groseilles et des framboises; on trouve en cet endroit des renards, loups cerviers, martres, loutres, ours noirs et blancs, porc-epics, lievres et beaucoup de cariboux.

Ce dernier animal est fait comme un asne, il a le
pied rond et fort large et a un bois plat sur la teste ;
je suis persuadé que c'est le même animal que celuy
qu'on appelle resne dans le nord d'Europe ; la peau
passée en est très bonne, d'un bon usage et de longue
duree. Elle n'est belle que quand il est tué vers le
mois d'octobre, c'est dans ce temps qu'il est plus gras
et que sa peau n'est point percée. C'est une chose
assés particuliere que cet animal ait entre sa chair et
sa peau des especes de vers qui la luy percent toute
pendant l'hiver et le printems, si bien qu'en ce tems
elle est comme un crible ; quand il prend de la graisse
ces vers le quittent et peu à peu tous ces trous se
rebouchent. Sa chair est très bonne à manger et il se
trouve bien des personnes qui la preferent à celle
d'orignal qu'on estime fort.

On trouve dans le bois des perdrix noires et des
perdrix blanches qui sont les mêmes dont je vous ay
déja parlé.

Le gibier de mer et de riviere y est en abondance ;
mais il n'y vaut rien parce qu'il sent l'huile. Le moyac
dont on tire un duvet qui s'appelle edredon fait une
partie de ce gibier ; il passe pendant deux mois sur le
bord de la mer en très grande abondance, et si bas
qu'on le tuë a coups de baton. C'est un oyseau à peu
près de la figure d'une oye, dont le masle est noir et
blanc et la femelle gris cendré ; c'est elle qui produit
ce duvet, quand elle veut pondre ; elle s'arrache tout
celuy qu'elle a sans toucher à la grande plume, elle
en forme son nid à terre sur des herbes et de petits
bois secs, ce sont ces nids qu'on ramasse et qu'on

nettoye pour avoir ce duvet, lequel est très leger et
d'une grande chaleur, il faut beaucoup de patience
pour en faire le try d'avec les petits bois et herbes
seches dont il est plein ; mais il en faut encore davantage pour souffrir les morsures d'une infinité de puces
qui sont dedans.

Je suis, Mr, etc.

LETTRE XVIIe

DES POISSONS QUI SONT DANS LE PAYS DES ESQUIMAUX

A Quebec, le   1709.

Mr,

On trouve dans les rivieres qui sont dans le pays
des Esquimaux une grande quantité de saumons qui
y montent dans le mois de juin.

Les costes de la mer sont remplies de toutes sortes
de coquillages ; la moruë y est très abondante, et il
y a des baleines et quantité de cachalots ; on y voit
beaucoup de loups marins ; mais surtout celuy qu'on
appelle brasseur, lequel est à peu près de la grosseur
d'une vache d'un an ; il passe le printems pendant deux
mois par bande, tenant toujours la coste à cause des
menigues (*sic*) qui le poursuivent pour le devorer ; c'est
un poisson de 20 à 25 pieds de long et de la grosseur
d'un charroy (*sic*) qui a une espece de dard sur le dos

de la largeur d'un pied par en bas allant toujours en diminuant par le haut, et d'environ de 10 pieds de long, il va en bande, et poursuit le loup marin lequel se jette à terre d'abord qu'il l'aperçoit. Ces menigues poursuivent aussy les canots où il y a des hommes, et on est obligé de debarquer pour se sauver, les coups de fusils ne leur faisant aucune peur ; elles ne sont propres à rien étant très seiches et n'ayant point de graisse d'où on puisse tirer de l'huile.

Il y a aussy d'autres loups marins de la grosseur d'un moyen bœuf qui ne vont qu'un à un et qui ne se trouvent en bande que dans les isles où ils se couchent pour dormir au soleil.

On y trouve des bœufs et des vaches marines, ces animaux sont bien plus gros que nos plus gros bœufs et ont, au lieu de cornes, deux dents qui leur sortent du front ; il s'en trouve qui pesent chacune jusqu'à 10 livres, et elles sont aussy belles que les dents d'eléphans.

Je suis, Mr, etc.

LETTRE XVIIIe

DES ESQUIMAUX ET DE LEURS HABILLEMENTS

A Quebec, le   1709.

Mr,

Les Esquimaux sont grands et forts, membrus et bien faits; ils sont plus blancs que les autres sauvages de ce continent et ne fument point comme eux. Ils ont presque tous les cheveux noirs un peu crespés, qu'ils coupent au dessus des oreilles, ils ont un très grand soin de leur barbe que les uns portent longue et que les autres coupent à l'espagnolle; il s'en trouve aussy parmy eux qui ont les cheveux blonds, et même qui les ont roux, et la barbe de même couleur.

Ces sauvages sont très caressants et très vifs, ils sont toujours sur la deffiance et paroissent avoir grand peur de nos armes à feu, ils sont grands parleurs et gesticulent autant qu'ils parlent, ils paroissent avoir de l'esprit et tenir de l'Européen par leur maniere d'agir[1].

Le sieur Joliet qui a été une fois à un cabanage de partie de ces sauvages, fut receu par le chef qui le prit

---

[1] Ce portrait des Esquimaux est, sur plusieurs points, différent de celui que le P. de Charlevoix fait de ces sauvages. « Ils sont, dit-il, *féroces, farouches*, défiants, inquiets, toujours portés à faire du mal aux étrangers, qui doivent sans cesse être sur leurs gardes avec eux. » (XIe lettre du *Journal historique*, t. v, p. 263.)

par la main et le mena à sa cabane où il luy presenta sa femme qui vint l'embrasser et son gendre et ses enfans ; il le conduisit aussy le tenant toujours par la main dans les autres cabanes où il fut très bien receu, et sur la demande qu'il luy fit de faire chanter et danser devant luy, seize de leurs femmes se mirent en rang au milieu du cabanage, et pendant qu'elles chantoient, un vieillard se mit à danser ; leurs voix sont bien plus douces que celles des autres sauvagesses ; ce chef luy fit present en le quittant de viande et d'huile de loup marin.

Ces Esquimaux boivent l'eau salée comme l'eau douce, vivent de la chair d'animaux, de toutes sortes de gibier et de poisson, même de baleine et de loup marin ; ils mangent toutes ces viandes ou sechées au soleil ou à moitié cuites dans des pots qu'ils font eux mêmes avec de la terre grasse et du coquillage pilé, ou dans des chaudieres, d'une pierre blanche très tendre où ils mettent une anse de baleine.

Ils font très peu de feu pour les cuire et posent leurs chaudieres ou leurs pots sur trois pierres au milieu desquelles est ce feu ; ils paroissent avoir quelque espece de veneration pour cet element et ne veulent pas que personne en emporte. Un des matelots du sieur Joliet en prit, mais ils n'eurent point de repos qu'il ne l'eut reporté et parurent fort contens quand il eut remis le charbon dont il vouloit se servir pour allumer sa pipe.

Ils portent des chemises qu'ils font avec des vessies et des boyaux de caribou et qu'ils cousent avec du nerf passant aux poignets et au col des brins de baleine avec quoy ils les attachent. Ils ont un justaucorps fait de loup marin, lequel vient par derriere en pointe jusqu'aux genoüils; leurs culottes ressemblent aux nôtres, excepté qu'elles ne sont point cousuës entre les cuisses et sont faites de peaux de chien, de renards et d'ours; ils portent des bottes de peaux de loups marins auxquelles ils ont fait tomber le poil et qui sont comme tannées, où est attaché un soulier de la même peau plissée par dessus; ces bottes sont si bien cousuës et la couture en est si bien faite qu'elles ne prennent point l'eau.

Voilà l'habillement que portent ces sauvages, lequel est plus ou moins orné par les peaux de differentes couleurs qu'ils y emploient et par des morceaux de talque qu'ils y cousent après avoir mis dessous un petit poisson qui s'appelle etoile de mer et du coquillage pilé.

Je suis, Mr, etc.

LETTRE XIXᵉ

DES FEMMES DES ESQUIMAUX, DE LEUR HABILLEMENT,
DE LEUR CABANAGE D'ÉTÉ ET D'HYVER,
ET DE LEUR MANIERE D'ENTERRER LES MORTS

A Quebec, le   1709.

Mr,

Les femmes des Esquimaux sont bien faites, blanches, grandes, grosses et grasses, d'un visage agreable, doux, affable et caressant, il s'en trouve quelques unes qui sont camuses; elles portent des bottes qui vont toujours en s'elargissant, en sorte que par en haut elles ont au moins un pied de large. Ces bottes leur vont jusqu'à la ceinture et en renferment d'autres plus petites qui leur vont jusqu'aux genoüils. Elles portent au dessus une ceinture de peaux de loutres et de caribou qu'elles passent entre leurs jambes pour cacher ce que la pudeur deffend de montrer. Elles se couvrent le reste du corps avec un habillement presque pareil à celuy des hommes qui descend en pointe à trois doigts de terre, dans lequel il y a une espece de corps [1] avec quoy elles se serrent; elles y attachent un capuchon fort grand qui leur sert à se couvrir la teste ou à mettre leurs enfants.

Cet habillement est de pareille peau que celuy des

[1] Corset.

hommes ; mais il parait bien plus propre par les couleurs differentes de celles qu'ils y emploient. Ces
femmes sont fort modestes et paroissent fort reservées ;
leur sein est toujours couvert et quoy qu'elles donnent
à teter à leurs enfans on ne le voit point.

La pluralité des femmes est en usage chez ces
peuples ; ce sont elles qui ont soin du menage ; pour
les hommes ils ne se meslent que de la chasse et de
la pesche. Ils font de deux sortes de cabanages ; celuy
d'été se fait sur des pointes pelées avancées dans la
mer ou dans les isles, s'éloignant tant qu'ils peuvent
des endroits où il y a du bois ; ils se servent de tentes
de loup marin et de caribou à l'épreuve de la pluye ;
leur lit est de plusieurs peaux d'ours, de renard et de
caribou en poil, et ils se couvrent avec des couvertes
de peaux de chien et de loup-cervier.

Ils choisissent pour faire leurs cabanages d'hyver la
coulée de deux rochers, ils y font une grande chambre
qu'ils forment avec plusieurs pieces de bois jointes
les unes contre les autres de 12 à 15 pieds de long
posées sur un feste, soutenuës par des poteaux ; ils
couvrent ce feste de tourbes et d'un pied de terre et
y font deux fenestres auxquelles ils mettent deux
peaux passées en parchemin. C'est dans ces endroits
où hyverne sans faire de feu toute une famille qui est
ordinairement de 20 à 30 personnes, vivant pendant
ce tems de viande et de poisson seichés et pilés qu'ils
ont amassé l'automne ; ils ont soin de faire la porte de
cette chambre à 25 ou 30 pas au bout d'un corridor très
étroit fait sous terre afin qu'ils y ressentent moins le
froid. Ils restent tout l'hyver dans ce cabanage et n'en

sortent que pour tuer quelque caribou, ou pour s'aller visiter les uns les autres, ce qu'ils font avec de petites cariolles de bois montées sur des lisses d'os de baleine, auxquelles ils attelent jusqu'à douze chiens de la même maniere que les chevaux sont attelés à un carosse. Leurs chiens sont d'un poil frisé à peu près comme les nôtres.

Pour enterrer leurs morts, ils font une espece de tombe d'une muraille seiche d'environ trois pieds de haut, ils y mettent le corps étendû les bras croisés avec une chemise et une peau de loup marin sans poil qui luy va jusqu'à l'estomac, luy laissant le visage découvert; ils couvrent cette tombe de traverses de bois sur lesquelles ils mettent des pierres. Ils en font une autre plus petite à très peu de distance où ils mettent toutes les hardes du deffunt. Quand c'est une femme, ils y mettent aussy tous ses ustensiles de menage qui consistent en quelques posts, cruches, plats de bois, de baleine, avec ses aleines et grattes; quand c'est un homme, ils mettent sur sa tombe son arc, ses fleches et ses dards et à côté son canot.

Je suis, M^r, etc.

LETTRE XXe

DES FLECHES ET DES DARDS DES ESQUIMAUX,
DE LEURS CANOTS
ET DE LA MANIERE DONT ILS DARDENT LE LOUP MARIN

A Quebec, le   1709.

M^r,

Les Esquimaux se servent de l'arc et de la fleche armés de fer ; l'arc est très petit et la fleche de même avec deux plumes au bout, au lieu que les autres nations en mettent trois ou 4. Ils se servent aussi de dards dont le manche est de 4 pieds de long de bois leger et bien poly, d'un pouce à un pouce et demy de circonference, au bout duquel il y a trois branches de fer très pointuës d'environ un pied de long ; ils enchassent à la teste de ce manche un morceau de dent de vache marine un peu creuse en dedans, et se servent pour jetter ce dard d'un morceau de bois large de 3 pouces allant toujours en diminuant vers la teste, où est enchassé un pareil morceau de dent un peu elevé avec un petit bouton qui s'enmanche dans le bout du dard ; il y a une espece de coulisse à ce morceau de bois où ils couchent ce dard, un trou où ils passent le pouce. C'est avec cette espece de petite goutiere qu'ils le lancent très adroitement et très loin tuant par ce moyen toutes sortes de gibier de mer.

Ces sauvages sont adroits, ils forgent mieux le fer que nos plus habiles forgerons et construisent aussy bien que nos meilleurs charpentiers.

Ils font leur canot comme nous, ils y mettent une quille sur laquelle portent les varangues avec deux lisses de chaque côté pour les lier ensemble; ils se servent de cloux et de chevilles de bois pour joindre toutes ces pieces et tournent au tour des empatures des brins de baleine. Leur canot étant ainsy construit, ils cousent ensemble avec du nerf la quantité de peaux de loup marin sans poil qu'il faut pour le border et pour le ponter. C'est dans cette espece de sac qu'ils font entrer à force cette carcasse de canot, si bien qu'on diroit que ces peaux y sont collées; ils font un trou dans celle du milieu autour duquel ils cousent de la même peau qui se ferme en forme de bourse; c'est dans cette ouverture qu'ils s'asseoient sur leurs talons pour naviguer, ce qu'ils font avec un aviron d'environ cinq pieds de long qui a une pelle à chaque bout, après avoir lié cette espèce de bourse au-dessous de leurs aisselles.

Ces canots ont quinze à dix-huit pieds de long et un pied et demy par leur plus large; ils sont faîts par l'avant comme la teste d'un esturgeon et ont l'arriere d'une biscayenne; ils sont entre deux eaux d'abord qu'il y a un peu de levée, on diroit à tout moment qu'ils vont couler bas, cependant ils naviguent seurement pour ces sauvages qui ne font point de difficultés de s'embarquer dedans pendant de mauvais tems. C'est avec ces canots où ils ne peuvent tenir qu'un seul homme qu'ils font la pesche et la chasse du gibier de mer et au loup marin, ils y attachent devant eux leur arc, leur fleche et leur dard.

Le dard dont ils se servent pour le loup marin est different de celuy dont ils se servent pour le gibier. C'est une dent de vache marine bien pointuë, d'un pied de long enmanchée dans un morceau de bois d'epinette ou de bouleau de 4 pieds de long, de 3 à 4 pouces de circonférence percée au milieu, dans laquelle ils passent une corde faite de peau de loup marin ou de vache marine de la grosseur d'un doigt, qui est aussy attachée au manche pour le tenir serré avec cette espece de harpon.

Ils jettent ce dard avec la main sur cet animal, retenant dans leur canot le bout de la corde où il est attaché avec plusieurs vessies pleines de vent. Sitost qu'ils l'ont frappé, le manche quitte la dent qui luy entre dans le corps et ce loup marin fatigue beaucoup par le manche et les vessies qu'il est obligé de trais-ner; quand ils voient qu'il est bien frappé, ou qu'il n'est pas bien fort, ils n'abandonnent point le bout de la corde, se laissant ainsy remorquer, et l'hachent avec un autre dard; mais quand ils sont obligés de le quitter, ils le poursuivent toujours jusques à temps qu'ils l'ayent achevé.

Je suis, Mʳ, etc.

LETTRE XXIe

DES CHALOUPES DES ESQUIMAUX ET DE LA PESCHE
DE LA BALEINE

A Quebec, le   1709.

Mr,

Ces Esquimaux ont des chaloupes de 24 à 36 pieds de long avec leurs proportions; ils y mettent une quille qu'ils font comme nous de plusieurs pièces qu'ils empalent bien proprement ensemble avec des chevilles de bois, de fer et des cloux; ils posent dessus tous les membres qui sont chevillés et enmortaisés comme ceux de leurs canots. L'avant de ces chaloupes est fort relevé et elles ont l'arriere d'une biscayenne avec un gouvernail de planches lié et attaché avec de la peau; ce petit batiment est bordé de peaux de loup marin sans poil si bien cousuës ensemble que les coutures ne font point d'eau; ils appliquent toutes ces peaux contre la carcasse de ce batiment et après les avoir bien tirées, ils mettent une lisse par dessus le bord qui les tient de tous côtés; c'est sur cette lisse qu'ils posent leurs estropes pour nager comme nous faisons dans nos chaloupes.

Ces bâtiments ne sont point pontés et n'ont ordinairement qu'un mat avec une grande voile de peau de caribou boucannée qui a une ralingue de cordage fait de peau de loup marin ou de vache marine. Leurs manœuvres sont les mêmes que les nôtres et faites de la même peau aussy bien que leurs cables; pour leurs ancres elles sont faites differemment de celles dont nous nous servons; ce sont deux gros morceaux de bois en croix desquels il sort quatre autres morceaux pointus et courbés, au milieu desquels est attachée une grosse pierre pour les faire caller; ils ont cependant presque tous à present des grapins qu'ils ont pris aux pescheurs de moruë. Ces chaloupes portent jusqu'à 60 personnes, et quand ils s'y embarquent ils y mettent leurs canots avec eux; ils s'en servent pour traverser de la côte de Labrador dans l'isle de Terre Neuve et pour faire la pesche de la baleine; ils la font de la même maniere que celle du loup marin. Le cordage dont ils se servent pour cette pesche est plus fort et a jusqu'à 100 brasses de long; ils y attachent, au lieu de vessies, des peaux de loup marin entieres remplies de vent pour fatiguer la baleine qu'ils poursuivent toujours et tuent à force de dards.

Ces sauvages ont du fer et des cloux par le moyen des chaloupes et des echaffaux des pescheurs qu'ils deffont; ils ont aussy du cordage et des voiles qu'ils prennent aux mêmes pescheurs et dont ils se servent au lieu de celles dont je viens de vous parler.

Je suis, Mr, etc.

LETTRE XXIIᵉ

DES RAISONS DE LA CESSATION DU COMMERCE AVEC LES ESQUIMAUX ET DE LEUR COMMERCE

A Quebec, le   1709.

Mʳ,

Je vous ay escrit dans mes precedentes tout ce que iay pû apprendre des Esquimaux ; personne en ce pays n'a eu commerce avec ces peuples que les sieurs Joliet et Constantin qui ont été avec eux chacun une fois ; ils sont venus aussy une fois au fort que le sieur Courtemanche a étably dans la coste de Labrador. Quand ils voient des Européens ils sont toujours dans la crainte et dans la deffiance. Je suis persuadé que nous l'avons causée à ces peuples par la peur que nous avons eu d'eux en en tuant plusieurs, ou en les écartant de nos bâtiments à coups de canon et de fusil ; ils sont aussi dans la même deffiance quand ils voient d'autres sauvages qui après avoir commercé avec eux tachent de les surprendre et de les tuer.

La misere que ce deffaut de commerce leur a produite, étant ce me semble naturel de croire qu'ils ont autrefois commercé avec les Europeens par l'usage du fer qu'ils ont et que toutes les nations de ce continent n'avoient point avant notre arrivée en ce pays, ce deffaut, dis-je, de commerce et de fer dont ils ne peuvent se passer, les a obligés de piller les vaisseaux qui viennent à la pesche et les chaloupes des pescheurs, non pas à main armée ny ouvertement, mais par surprise et par ruse; on pretend que quand il y a des vaisseaux moüillez à cette coste, les Esquimaux vont la nuit dans leur canot pour en couper les cables pour pouvoir par ce moyen les faire perdre et échouër; c'est une chose qu'on ne peut savoir que par conjecture et on n'a eu cette pensée qu'a cause des vaisseaux qui, étant destinés pour cet endroit, ne sont point revenus; mais on attribuë peut estre à la malice de ces sauvages ce qu'on devroit peut estre plustôt attribuer au mauvais tems ou à l'ignorance des pilotes [1].

Tout le monde convient, M[r], et on ne peut s'empescher de croire que ces sauvages ont eu autrefois commerce avec les Europeens par le moyen des vaisseaux qui venoient à la pesche, mais on ne s'accorde point sur la raison qui a causé cette interruption et qui leur a inspiré la crainte et la deffiance qu'ils ont; les uns pretendent qu'un chirurgien ayant violé la femme d'un Esquimaux, l'attacha à un arbre et luy ouvrit le ventre pour tacher de connoître de quelle maniere une femme concevoit, que n'étant pas morte sur l'heure, plusieurs de ces Esquimaux étant venus à ses cris, elle leur raconta ce qui s'étoit passé, et que depuis ce tems ils ont toujours été en guerre avec

---

[1] Le Père de Charlevoix dit : « *qu'on les a souvent vus* aller la nuit couper les cables des navires, qui étaient à l'ancre, pour les faire périr sur la côte et profiter de leur naufrage. » Il ajoute : « qu'ils ne craignent pas même de les attaquer en plein jour quand ils ont reconnu que leurs équipages sont faibles. » (*Journal historique,* XIe lettre, p. 263.)

les gens d'Europe ; d'autres disent qu'un matelot ayant été oublié d'un bâtiment pescheur, se retira parmy ces sauvages où il resta cinq ans, et qu'il s'y maria, qu'au bout de ce tems y ayant vu un bâtiment sur la coste, il prit des mesures avec l'équipage pour pouvoir se sauver, que pour cet effet il avoit fait cacher dix hommes derriere des roches avec des fusils, que comme on l'observoit et on l'accompagnoit toujours depuis l'arrivée de ce vaisseau, il étoit venu avec plusieurs Esquimaux vers cette embuscade, qu'il avoit couru joindre ceux qui y étoient et que ces Esquimaux voulant le poursuivre, ils en avoient été empeschés par une descharge de coups de fusil qui en tua plusieurs, que la femme de ce matelot étant avertie de sa fuite vint sur le bord de la coste et après l'avoir appellé longtems inutilement, voyant qu'il ne revenoit point, elle prit un enfant qu'elle avoit de luy, le déchira par morceaux et en jetta partie à terre, partie dans la mer.

On ne peut assurer la verité d'aucune de ces deux histoires, n'y dire au juste les raisons pourquoy ces peuples nous craignent si fort, ce qui fait que nous ne pouvons commercer avec eux. Leur commerce cependant nous seroit d'une grande utilité par la quantité d'huile de baleine et de loup marin qu'ils pourraient nous fournir, par les peaux de ce dernier animal et de caribou que nous tirerions d'eux, aussy bien que par quelques pelletries qui doivent estre belles et bien fournies de poil, ce pays étant très froid.

Je suis, Mr, etc.

LETTRE XXIII°

DES SAUVAGES EN GENERAL

A Quebec, le 1709.

Mr,

Je vais vous parler des sauvages en general qui habitent ce grand continent et qui nous sont connus. Je vous parleray d'eux, de leur habillement, coutumes et religion, de la maniere que les choses étoient avant l'arrivée des François en ce pays ; je vous marqueray aussy le changement qui est arrivé parmy eux depuis qu'ils commercent avec nous ; vous ne le connaitrés que dans les choses qui regardent la religion et dans l'usage de nos armes et de nos marchandises, mais vous n'en trouverés aucun dans leur gouvernement, dans leur politique ny dans leur maniere de s'habiller. Il est surprenant que de tant de nations il n'y en ait encore eu aucune qui ait pris nos manieres et qu'étant au milieu de nous et tous les jours avec les François ils se gouvernent de la même maniere qu'ils se sont jusques à présent gouvernés ; ils aiment mieux leur vie dure et feneante, leur vie libre et libertine que les plus agreables qu'on puisse leur proposer ; les bois et les forets sont des palais pour eux, c'est ce qu'ils habitent, et quoyque élevés dès leur plus tendre jeunesse par les François et instruits dans les maisons religieuses, ils nous abandonnent à la première fantaisie qui leur prend et mennent dans les bois une vie bien differente de celle qu'ils ont menée parmi nous. Il faudra un travail et un tems infiny pour affranchir ces peuples et pour pouvoir les reduire à prendre nos usages et nos coutumes, ce ne sera que par une application continuelle sur eux et peu à peu qu'on y pourra parvenir, et c'est, je vous assure, un ouvrage de plusieurs siecles.

Comme ils n'avoient point l'usage du fer avant notre arrivée en ce pays, ils se servoient de haches et de couteaux de pierre; ils avoient l'industrie de faire des pots de terre dans lesquels ils faisoient cuire leurs viandes et leur sagamité. Cette sorte de mets est du bled d'Inde pilé qu'ils jettent dans l'eau où ils mettent, quand ils en ont, de l'huile d'ours, de la viande fraiche ou de celle qu'ils gardent sechée qu'ils pilent ou du poisson.

Ils faisoient aussi cette sagamité dans des ouragans (*sic*), qui sont des plats d'ecorce, en mettant plusieurs roches toutes rouges dans l'eau qui étoit dedans, ce qui la faisoit bouillir et donnoit par ce moyen de la cuisson au bled d'Inde et aux viandes qu'ils y mettoient.

Ils se servent encore de cette maniere quand ils manquent de chaudiere dans leur voyage, ils allument du feu très facilement par tout où ils se trouvent en frottant avec un morceau de bois dur, du bois tendre. Ils ont tous a present des haches de fer et de nos chaudieres de cuivre.

Je suis, M^r, etc.

LETTRE XXIVe

DES SAUVAGES ET DES SAUVAGESSES ET DE LEUR HABILLEMENT ET DE LA MANIERE DE SE PIQUER

A Quebec, le   1709.

Mr,

Les sauvages sont basanés, bien faits et d'une bonne et forte constitution. Elle leur vient par les soins que les meres ont de leurs enfans qu'elles allaitent jusques à 3 et 4 ans.

Les femmes de ces sauvages sont bazannées comme eux, il s'en trouve parmy elles de très bien faites et qui ont l'œil vif et perçant; elles aiment fort les hommes et surtout les François; comme elles sont fort intéressées, elles accordent leur faveur pour des presents qu'on leur fait, surtout celles qui sont dans les pays chauds; on les prendroit cependant pour des vestales si l'on n'étoit assuré qu'elles savent bien dissimuler, et que la pudeur qu'elles marquent sur leur visage n'est qu'un attrait pour mieux seduire.

Les hommes sont presque toujours nuds et montrent leur corps a decouvert; ils ne portent sur eux pour tout habillement qu'une couverture de peau passée de castor en poil ou de quelqu'autre animal avec laquelle ils s'envelopent, un brayer, des mitasses qui sont deux morceaux de peaux passées sans poil avec lesquelles ils se couvrent les jambes et une partie des cuisses et des souliers sauvages; la nudité ne fait aucune impression parmy ces peuples.

Les habits ordinaires des femmes sont deux peaux d'orignaux ou de cerfs attachées sur les epaules et ouvertes par les deux costés jusques sous les aisselles où elles sont cousuës jusqu'aux genoüils; elles sont doubles depuis la ceinture jusqu'à cet endroit, peintes tout autour très proprement de noir, de rouge et de jaune et ornées de porc-epy, d'ongles d'aigles et oyseaux de proye, de pieds d'orignaux et de petits morceaux de cuivre. Elles mettent à ces habillemens deux manches de même peau; il y en a parmy elles aussy bien que parmy les hommes qui portent des especes de chemises de peaux; ils preferent les uns et les autres nos chemises de toiles de Lyon, nos étoffes et nos couvertes à toutes ces peaux, si bien qu'ils en sont presque tous habillés quand ils ont le moyen d'en avoir. Les hommes et les femmes ont les cheveux noirs et très forts, ils n'ont point de poil sur le corps, s'arrachant ou se faisant arracher tout celuy qui leur vient; les femmes portent leurs cheveux de toute leur longueur noüés et envelopez d'une peau d'anguille ou de serpent; elles mettent dessus de la poudre de bois de perusse (*sic*) pour les tenir toujours bien noirs.

A l'égard des hommes, ils portent les cheveux differemment coupés; ils ont les uns et les autres la teste nuë et se piquent sur le corps plusieurs figures differentes, se servant pour le faire de deux ou trois aretes de poisson ou os de gibier bien pointus qu'ils lient séparés les uns des autres au bout d'un morceau de bois; ils trempent ces aretes dans une espece de

peinture noire qu'ils font avec du charbon de bois
tendre pilé et avec de l'eau, ou dans du vermillon ou
de la terre rouge delayée, et les enfoncent dans la
peau si bien qu'elles entrent au moins de deux ou trois
lignes; la peinture qu'elles portent avec elles y reste
et la figure qu'elle compose ne s'en va jamais; cette
piqure ne laisse pas de faire bien du mal, l'endroit
devient enflé et douloureux et il s'y forme même une
petite galle pour guerir; les maux que l'on souffre
quand on veut avoir de ces marques sur son corps
n'empêchent point les sauvages de se faire toutes ces
douleurs même dans les endroits les plus sensibles;
il y a parmy eux des nations qui se piquent plus les
unes que les autres, et parmy ces nations il y a des
hommes qui ont tout le corps et le visage entièrement
piqués [1].

Je suis, Mr, etc.

[1] Voir (XXIIIe lettre du *Journal historique*, t. vi, p. 39 et suiv.)
ce que dit le P. de Charlevoix sur l'habillement des sauvages et la
manière dont ils se piquent.

LETTRE XXVe

DE L'ESPRIT DES SAUVAGES, DE LEUR INCLINATION POUR LA BOISSON ET DE LEUR MARIAGE

A Quebec, le   1709.

Mr,

Les sauvages en general ont tous de l'esprit quand il s'agit de venir à bout de ce qu'ils souhaitent et de leurs interets ; ils sont très politiques et fort patients lorsqu'on leur dit des injures ; mais ils en conservent le ressentiment et ne perdent aucune occasion pour en tirer vengeance ; ils sont très laborieux dans leurs chasses, dans leur pesche, et à la guerre ; partout ailleurs ils sont tres feneants et ne songent qu'à s'ajuster pour plaire aux femmes, à fumer, à danser et à jouër ; rien n'est plus insupportable parmy eux qu'un guerrier, lequel animé de quelques hommes qu'il aura assassinés (car on ne peut guere donner d'autre nom aux personnes qu'ils tuent), croit que la terre doit trembler sous ses pieds quand il marche. Ils sont naturellement très enclins à la boisson et s'enyvrent volontiers parce qu'en ce tems ils se croient tout permis. Ils en sont si bien persuadés qu'un yvrogne casseroit leurs canots, briseroit tout ce qui est dans leur cabane, qu'ils ne s'en fâchent point et disent en riant, *il n'a point d'esprit ;* ils se servent aussy de ce terme quand ils voient quelqu'un en colere ; la pluspart ne s'y mettent jamais et sont toujours tranquilles, ils perdent cependant bien cette tranquillité quand ils sont yvres, car ils se poignardent les uns les autres, se mangent le nez et les oreilles, jettent leurs enfans dans le feu et font tous les desordres dont un homme furieux et fou peut être capable.

Les hommes et les femmes sauvages fument beaucoup, ou pour mieux dire toujours. Ils se servoient autresfois d'une herbe qu'on appelle tabac de montagne, mais à present ils fument du tabac noir ou de celuy qui se fait icy et qui est à peu près de la mesme qualité de celuy qui se cultive en France.

Les sauvages se marient fort jeunes ; les parents de la fille sont priés par ceux du garçon d'accorder leur fille à leur fils et font en même tems un present suivant leurs moyens ; lorsqu'ils sont d'accord il se fait un festin où tous les parents se trouvent, c'est en ce tems où se font les presents de nopces ; le mary donne à sa femme une chaudiere, une hache et un collier, il luy dit par ces trois dons qu'elle doit avoir soin de luy faire à manger, d'aller chercher du bois et la viande des animaux qu'il tuë ; il a en ce tems son carquois plein de fleiches, son arc, un casseteste et un couteau pour signifier que c'est à luy d'aller en guerre et à la chasse, ce qu'ils executent de part et d'autre ; après ces presents faits ils se mettent tous à danser au son d'une espece de tambour ou à des chansons dont les paroles apprennent le devoir du mariage dont ils ne sont pas ignorants. Cette feste se passe dans la cabane de la fille où le garçon va loger. Ce mariage dure tant qu'ils sont contents l'un de l'autre, car d'abord qu'ils ne le sont plus, ils se quittent pour en épouser d'autres, n'y ayant point de deshonneur n'y pour l'un n'y pour l'autre d'avoir été mariez; le mariage rompû, les enfans restent à la mère; c'est une de leurs plus grandes richesses que d'en avoir, parce que ce sont eux qui les font vivre par la chasse et par la pesche dans leur vieillesse.

Les femmes sauvages ne sont point malades de leur accouchement; elles ne sont pas plustost accouchées qu'elles vont laver leurs enfans dans l'eau et ne discontinuent point de faire l'ouvrage du menage comme à l'ordinaire.

Je suis, Mr, etc.

LETTRE XXVIe

DES DANSES DES SAUVAGES

A Quebec, le   1709.

Mr,

Il y a plusieurs danses parmy les sauvages; outre celles dont je vous ay parlé dans ma precedente, celle du calumet, qui est une pipe à la sauvage dont la teste est de pierre où se met le tabac et a le manche de bois, est un honneur qu'une nation vient rendre à une autre pour renouveller alliance; celuy qui est deputé pour l'offrir et pour danser, s'adresse à un chef de guerre et le luy presente tout allumé, dansant aux chansons de plusieurs sauvages et sauvagesses qui l'ont accompagné. Ils nomment dans ces chansons la personne à qui ils offrent ce calumet et disent la raison pour laquelle ils le luy donnent, et accompagnent cette danse d'un present. Le sauvage et la nation à qui on l'a presenté font aussy un present pour repondre à l'honneur qu'on leur a fait, et renvoyent cette espece d'ambassadeur et toute sa suite après les avoir regalés plusieurs jours. Ce calumet est de pierre rouge et a la figure de quelque animal ou d'une hache pour l'orner ; le baton en est très long et garny de plusieurs plumes peintes de differentes couleurs qui y sont attachées et d'autres qui flottent au gré du vent.

Comme les sauvages aiment fort à recevoir, ils ont ordinairement une femme pour demander honnestement. Lorsqu'il est arrivé quelques personnes étrangeres, il se detache aussitost un certain nombre d'hommes, de femmes et de filles qui forment un grand cercle au milieu duquel se mettent quatre hommes, dont un frappe sur un tambour, au son duquel les trois autres accordent leurs voix ; tout ce cercle tourne autour en dansant et chaque personne y fait des postures differentes suivant son caprice frappant des pieds rudement contre terre et accordant leurs voix avec celles de ceux qui sont dans ce cercle ; celuy qui reçoit cet honneur en marque sa reconnoissance par un present tel qu'il le veut.

Ils font aussy des danses pour guerir leurs malades ; ils y reussissent peu et au lieu de leur procurer la

guerison ils avancent ordinairement leur mort, après
les avoir bien fait souffrir ; on met le malade entre les
mains des medecins qui le succent avec des cris et des
hurlements epouvantables au son du tambour et au
bruit de quelques gourdes dans lesquelles il y a
quelques grains de bled d'Inde qu'ils appellent
chichikoué ; ils graissent et huillent ensuite tout le
corps du pauvre patient, car c'est le nom qui luy
convient le mieux puisqu'ils le portent sur un feu où
ils le font quasy griller ; on n'entend point les cris et
les hurlemens qu'il fait par le grand bruit que font
plusieurs garçons et filles qui chantent et dansent
autour, et qui ensuite font les uns et les autres, etant
tous nuds, toutes les indécences qu'une nature très
corrompuë ou plutost le diable peut leur inspirer ; c'est
dans ce tems que ces medecins qui sont les magiciens,
invoquent tous les diables pour guerir leur malade,
lequel ordinairement meurt bien tost après tous ces
tourmens.

Je suis, M^r, etc.

LETTRE XXVIIᵉ

DES DANSES DES SAUVAGES

A Quebec, le   1709.

Mr,

Les sauvages ont encore d'autres danses. Celle de la *découverte* [1] en est une où les guerriers expriment les coups qu'ils ont faits, la maniere dont ils ont surpris leurs ennemis, qu'ils les ont attaqués et les prisonniers qu'ils ont amenés dans leur village. Ils font en même tems les mêmes postures qu'ils ont faites et dans leur approche et dans leur attaque; ce sont les sauvages Miamis qui excellent dans cette danse, laquelle se fait au son du tambour et au bruit des chichikoué; toutes ces especes d'instrumens s'accordent à la voix des chanteurs; ils sont nuds et il n'y a qu'un seul homme qui danse à la fois, lequel se ceint d'un corbeau qui est sa marque ; après qu'il a finy et qu'il a dit tous ses beaux faits, il le remet à un autre et de cette façon cette danse se continuë jusqu'à ce que tous les guerriers ayent dansé.

Ils en ont aussy une autre qui est celle de frapper au *poteau;* ils informent par cette danse le public de leur bravoure et de la quantité d'ennemis qu'ils ont tués ou pris; quand ils veulent le faire, on bat la

[1] Charlevoix, XXᵉ lettre, t. v, p. 439.

caisse et on fait les cris tant dans le village que dans
la cabane d'un tel. On fait cette danse quand ils
y sont assemblés. Un chef de guerre commence à frapper sur un poteau avec un casseteste et après avoir
un peu dansé, il raconte ses beaux faits et fait une
pose à chaque action, et recommence à danser ; il
repete tant qu'il veut et les autres luy applaudissent
par un grand cry, après qu'il a raconté chaque action,
quand il dit la verité ; mais quand il veut en imposer,
il est aussitost dementy, et il a la honte qu'on luy
frotte la teste de cendres ; lorsque ce chef a fini, un
autre sauvage recommence, ainsy ils dansent tous les
uns après les autres.

Voila les deux danses qui sont pour les guerriers.
Elles se font ordinairement la nuit ainsy que toutes
les autres.

Je suis, M^r, etc.

LETTRE XXVIIIe

DES JEUX ET DES FESTINS DES SAUVAGES

A Quebec, le   1709.

M^r,

Les sauvages aiment autant à jouër qu'à danser ;
c'est une forte passion parmy eux que le jeu ; ils jouent
à pair ou à non avec des pailles qu'ils coupent egalement et dont ils en prennent partie dans leurs mains.

Ils ont aussy un certain jeu qui est comme celuy de dez[1], ils se servent de noyaux qui ont un côté noir et l'autre blanc et en prennent six ou huit qu'ils roulent dans un plat.

Voila les jeux qu'ils jouënt communement. A l'egard de celuy de la crosse, il se fait village contre village ou famille contre famille dans une prairie qu'ils limitent de part et d'autre ; leurs crosses sont des batons de trois pieds et demy de long, au bout desquels est une espece de raquete lassée avec quoy ils jettent la pelote ou la boule qui est renvoyée par leurs adversaires. Ce jeu est très dangereux pour se blesser.

Les sauvages sont les gens du monde qui savent mieux supporter la faim, ils resteront quatre ou cinq jours sans manger, mais aussy quand ils ont de quoy, la chaudiere est toujours haute pour me servir de leurs termes, et c'est tous les jours des festins ; sitost qu'un homme a tué une beste ou pris quelque poisson considerable, comme un esturgeon, il fait aussytost festin. Ils en font qui ont des sujets particuliers, comme pour lever un party de guerre ou pour la mort de quelqu'un ; celuy qui le fait envoye des bouchettes à tous ceux qu'il veut convier, qui y viennent chacun avec leur plat et leur cüillere ; quand ils sont arrivés, ils se mettent à manger ce qui leur a été donné, pendant que celuy qui les a conviés remercie son esprit ou plustost son diable, car ils croient qu'ils

---

[1] C'est le jeu du *Plat*, qu'on appelle aussi jeu d'*Osselets*. (Charlevoix, XVIIe lettre, t. v, p. 385.)

en ont chacun un qui a soin d'eux, et chantent pendant tout le repas, lequel finit par une grande acclamation qu'ils font tous pour remercier celuy qui les a si bien regalés. Il y a de ces festins où il faut absolument tout manger, et souvent six hommes seroient bien rassasiés de ce que l'on donne à un ; il y en a aussy d'autres qui se font sans ceremonies où on mange ce que l'on veut et on emporte le reste.

Comme ce sont les femmes qui ont soin de tout ce qui regarde le menage, ce sont elles qui emplissent tous les plats et qui les servent à tous les conviez, ce qu'elles font aussy tous les jours à celuy de la cabane. Ces femmes chez les peuples du Nord n'ont que ce qui reste du festin, n'y assistant jamais et se retirant après qu'elles ont emply et servy les plats. A l'egard des femmes huronnes et iroquoises, elles y assistent souvent à moins que ce ne soit des festins de guerre auxquels elles ne sont point receuës. Ces festins ne se font guere sans qu'on ne mette un chien dans la chaudiere dont on sert la teste au chef du party.

Je suis, Mr, etc.

LETTRE XXIXe

DES PARURES DES SAUVAGES ET DES SAUVAGESSES ET DE LEURS OUVRAGES

A Quebec, le   1709.

Mr,

Les jeunes gens parmy les sauvages aiment fort à se parer pour plaire aux filles, ils ont toujours un miroir dans leur sac à tabac duquel ils se servent pour s'appliquer differentes couleurs sur le visage, comme du rouge, du bleu et du noir ; c'est avec ces peintures qu'ils se mattachent, c'est le terme sauvage ; ils se graissent les cheveux et y mettent aussy du rouge avec du duvet de cigne dessus ; ils se percent le nez et y pendent une perle ou une roupie de pierre bleuë qui leur va jusques sur la bouche.

Leurs oreilles sont toutes dechiquetées, ils y passent de la peau de cigne coupée en laniere qui leur fait deux grosses houpes blanches et y pendent du fil de fer et de la porcelaine ; cette porcelaine se fait avec des coquilles qui se trouvent sur le bord de la mer, vers la Virginie, et c'est la chose qui est la plus estimée et la plus recherchée de tous les sauvages ; il y a de ces coquilles de deux couleurs, la blanche est la plus commune, et la noire qui est la plus rare est la plus estimée. Elle est travaillée par des sauvages qui habitent le pays où elle se trouve en petits morceaux

qu'ils percent et arrondissent; ils la pendent de cette
manière aux oreilles ou bien en ajoutant plusieurs
ensemble de blanche et de noire, ils en forment des
colliers qu'ils portent à leur col et des brasselets qu'ils
mettent à leurs poignets. C'est un grand ornement
pour eux aussy bien que de porter de grandes
coquilles penduës sur leur estomac.

Les jeunes filles et les jeunes femmes aiment autant
à se parer que les jeunes gens; elles se mattachent
comme eux; mais elles ne se servent que de rouge et
de bleu, et elles employent beaucoup de porcelaines.

Quand les sauvages et les sauvagesses deviennent
agés, ils abandonnent toutes ces parures, les hommes
ne s'occupent qu'à la pesche, à faire des canots, aux
conseils pour gouverner leurs nations, à jongler et
à la medecine. Les femmes s'occupent aussy à la medecine et à faire des contes la nuit à la jeunesse de
leur etablissement, de leur guerre, de leur esprit, ou
plustôt de leur diable, enfin elles leur inventent mille
fables suivant leurs folles imaginations.

Ils travaillent quelquefois les uns et les autres, les
hommes à faire des plats de nœuds de bois et des
cüillieres, sur lesquels ils mettent en sculpture la figure
de quelque animal; ils font aussy les cassetestes dont
ils se servent pour aller à la guerre. Ce casseteste qui
a la figure d'une machoire est fait d'un bois dur et
pesant, et a une masse ou une boulle au bout; ils
mettent dessus leur divinité, la marque de leur nom,
qui est un castor, une loutre ou quelqu'autre animal
ou oyseau; ils y depeignent aussy leur figure, le
nombre des hommes qu'ils ont tués et des prisonniers

qu'ils ont faits et laissent par gloire de pareils cassetestes dans les lieux où ils ont fait quelque expedition,
afin que leurs ennemis sachent qui les a tuez et de
quelle nation ils sont.

Les femmes travaillent à peindre leurs habits et
à coudre, ce qu'elles font avec du nerf d'orignal ou
avec du fil d'orties qu'elles filent sur la cuisse tres
delicatement; elles font aussy des ouvrages d'ecorce
qu'elles ornent de porc-epy teint de differentes couleurs et qu'elles cousent avec de la racine. Voilà, M.,
les occupations des sauvages dans leurs villages, ils
y joüent quelquefois d'une espece de flutte qu'ils font
avec du rozeau, dont le son est desagreable.

Je suis, Mr, etc.

LETTRE XXXe

DES RESVES DES SAUVAGES ET DE LA MANIERE
DONT ILS SE FONT UNE DIVINITÉ

A Quebec, le   1709.

Mr,

Les sauvages sont fort adonnés aux resves et sont
si fort persuadés que c'est leur esprit qui les leur
donne, qu'il faut absolument qu'ils les executent; ce
sont des resves qui les obligent d'entreprendre des
guerres, de faire des grands voyages, d'abandonner

des partis qu'ils ont entrepris contre leurs ennemis et
de s'en retourner dans leur cabane; ce sont aussy
ces resves qui leur donnent leur esprit, ou pour me
servir de leur terme, leur manitou, qu'ils s'imaginent
avoir soin d'eux dans toutes les actions de leur vie.

Les sauvages que l'âge a rendus sages malgré eux
et incapables des mêmes débauches qu'ils avoient
faites par le passé, racontent à leurs enfans de quelle
maniere ils sont venus au monde, leur pays, leurs
guerres, et leur font mille contes remplis de superstitions; toutes ces fables rejoüissent fort cette jeunesse;
mais dabord qu'il y en a un qui a atteint l'age de dix
à douze ans et qu'il peut se servir de l'arc et de la
fleche, son pere luy dit qu'il est en age de se faire un
esprit et de se choisir un manitou, et il luy donne
en même tems les instructions necessaires pour
y reussir.

Pour cet effet il luy fait mattacher ou peindre le
visage de noir avec du charbon écrasé, et l'oblige
dans cet état de jeuner pendant plusieurs jours, afin
qu'ayant le cerveau vuide il puisse plus facilement
rever pendant son sommeil qui est le tems que ce Dieu
se doit decouvrir à luy et luy frapper l'imagination de
quelque chose extraordinaire ou de quelque bête qui
lui tient lieu de divinité. Le pere soucieux de savoir
le reve de cet enfant épie le tems de son reveil afin
qu'il ne parle à personne devant luy, et l'interroge en
secret sur ce qui s'est passé la nuit dans son imagination; et si rien ne s'y est presenté, il luy conseille de
continuer son jeune luy disant qu'en cette occasion
il doit donner des marques de sa constance et de sa

fermeté ; à la fin son cerveau affoibly luy represente quelque objet comme le soleil, le tonnerre ou autres choses extraordinaires dont il aura souvent entendu parler à son pere ou a d'autres anciens.

Lorsque cet enfant a revé, il court porter cette nouvelle à son pere qui lui a fort recommandé de ne le point divulguer, et qui le confirme par beaucoup de raisons d'accepter ce resve et d'honorer cette idée qu'il prend pour l'ors dès son enfance pour sa divinité, pour son manitou, pour son protecteur, et persiste pendant sa vie à luy rendre un culte, soit par des sacrifices, soit par des festins qu'il fait en son honneur. Il est très difficile de detruire cette superstition parmy les sauvages quand ils ont vescu quelques années après en avoir cultivé l'impression.

Les femmes ayant l'esprit plus foible que les hommes y sont ordinairement plus attachées, et les jeunes filles sont egalement élevées dans ces sortes de reveries par des vieilles qui leur inspirent que par ce moyen elles se feront aimer des jeunes hommes, et il est très rare de les pouvoir détacher de ces idées qu'elles font toutes rapporter à leur passion, soit d'amour, soit de vengeance ou qu'elles croient leur procurer des secrets pour faire mourir les personnes dont elles ont sujet de se plaindre.

Je suis, Mr, etc.

LETTRE XXXIe

DES SUPERSTITIONS DES SAUVAGES, ET DES JONGLEURS

A Quebec, le   1709.

Mr,

Je viens de vous parler de la religion des sauvages qui n'est autre chose qu'une idée; chacun se forme sa divinité selon son caprice, quoy qu'il y ait des nations qui reconnoissent des dieux qui sont pour eux tous en general, ce que je me donneray l'honneur de vous expliquer en parlant d'elles en particulier. Tous ces sauvages parlent confusement du deluge, mais si differemment qu'on ne peut rien statuer sur ce qu'ils en disent; ils tiennent des juifs pour l'onction, car ils se graissent tous et se lavent au soleil levant. Ils honorent les morts; les uns les bruslent, les autres les enterrent, mais avec beaucoup de circonspection; ils n'ont point peur de mourir comme nous, ne regardant cette vie que comme un passage et étant persuadés qu'en sortant ils en meneront une plus agreable dans un pays delicieux où ils auront tous les agrements et tous les plaisirs qu'ils peuvent desirer; c'est une preuve qu'ils sont persuadés de l'immortalité de l'âme.

Ces sauvages en ont parmy eux qu'on appelle des jongleurs. Ces gens pretendent parler au diable et qu'il leur dit des choses qu'ils luy demandent; pour l'invoquer ils se mettent dans une cabane d'ecorce ou de peau où ils font des hurlemens epouvantables ; le diable s'apparoit à eux et quelques fois les bat bien fort ; cette cabane, pendant qu'ils y sont, tremble d'une si grande force qu'on croiroit qu'elle va renverser.

Ces jongleurs ordinairement sont les medecins, ils sont crains par les maux qu'ils font en faisant mourir tantost les uns et tantost les autres. Je suis persuadé que tous les malefices ou les sorts qu'ils jettent sur les gens qui leur ont deplû sont du poison qu'ils leur donnent ; en parlant de leur puissance ils se font respecter ; mais ces nations ayant interest de se defaire de ces sortes de gens qui les detruisent, quand ils voient qu'il en meurt quelqu'un parmy eux et qu'ils soupçonnent de ces jongleurs, ils obligent leurs enfans ou leurs plus proches parens de les tuer ; ils employent ce moyen afin que personne ne puisse tirer vengeance de leur mort, car si c'étoit un autre qui les tuast, il faudroit que le plus proche parent se vengeast en se defaisant de celuy qui auroit fait le coup ; ainsy ce seroit des meurtres a l'infiny.

La vengeance est passée en loy parmy eux, car quand le fils ne veut pas tuer son père, il faut necessairement se deffaire des deux par leurs plus proches parents, parce que c'est luy qui seroit obligé de venger sa mort. Il y a quelques sauvages qui ont une autre espece de jonglerie dont ils se servent aussy quand ils veulent savoir si leurs gens qui sont en chasse ou en guerre reviendront bientost ou ont fait coup, c'est le terme sauvage. Ils font deux ou trois petits tas d'ecorce ou de bois bruslez et pilés, et puis, se couvrant de leurs couvertures, à tous ces petits tas ils y mettent le feu ; ils pretendent voir par la maniere dont prennent ces bois bruslés et pilés, les flameches qu'ils jettent, ce qu'ils veulent savoir.

Ces sauvages rencontrent quelques fois bien par leur jonglerie ; mais je suis persuadé qu'ils sont comme les tireurs d'horoscope qui seroient bien malheureux si, entre plusieurs choses fausses qu'ils disent, il ne s'en trouvoit pas une de veritable.

Je suis, Mr, etc.

LETTRE XXXIIe

DU GOUVERNEMENT POLITIQUE DES SAUVAGES

A Quebec, le   1709.

Mr,

Le gouvernement des sauvages est un gouvernement republicain ; ce sont les anciens qui reglent toutes les affaires et les jeunes gens ne sont que pour l'execution ; parmy ces anciens sont les chefs de guerre, ils le deviennent par les belles actions qu'ils font, par l'amitié de la jeunesse qu'ils s'attirent et par les présents qu'ils leur font ; car ordinairement ces chefs sont les plus mal vêtus de la nation donnant tout pour se faire aimer. Sur les plus petites choses ces anciens s'assemblent et en fumant raisonnent des affaires sans se mettre jamais en colere les uns contre les autres.

Quoy qu'ils soient d'un sentiment contraire, ils se parlent toujours doucement et ne concluent rien qu'après une meure et longue deliberation. Ils ont parmy eux des orateurs, ce sont eux qui parlent pour toute la nation quand il y a quelque discours à faire; ils parlent bien et toujours par figure; ils presentent de ces colliers de porcelaine dont je vous ay déja parlé qui leur sert pour leur ornement et vous disent que par ce collier ils veulent dire telle ou telle chose.

Voila comme les sauvages en general se gouvernent, les uns avec plus d'esprit et de raison que les autres, n'etant pas tous egalement habiles. Il arrive souvent que la passion, la hayne, la vengeance et l'yvrognerie l'emportent sur tous les sages conseils que donnent les anciens à la jeunesse, dont ils ne sont pas toujours les maîtres; mais les choses dans la suite se remettent dans le même état.

Comme les sauvages ne veulent point envahir les terres n'y les bois de leurs ennemis, on ne peut douter que ce n'est que l'animosité, la haine, la vengeance et l'envie désordonné de tuër des hommes ou de s'agrandir par les esclaves qui leur fait faire la guerre.

Quand ils adoptent ces esclaves qu'ils font, ce qu'ils ne manquent pas de faire lorsqu'ils ont perdu béaucoup de monde, ils les font venir dans leurs cabanes, les regardent comme etant de leur nation, et leur font faire la guerre à leurs parents.

Je suis, Mr, etc.

LETTRE XXXIIIᵉ

DES FESTINS DE GUERRE DES SAUVAGES ET DE LEUR DEPART DE LEUR VILLAGE

A Quebec, le   1709.

Mr,

Comme la guerre que les sauvages se font est très cruelle, ils prennent toutes les precautions possibles pour surprendre et n'être point surpris; cette guerre est proprement un assassinat permis, et souvent déclarée à cause d'un resve ou pour quelque meurtre fait sur quelqu'un de la nation dans la chasse ou dans l'yvresse. Le parent du mort après avoir porté le deuil pendant un an (ce que je vous expliqueroy dans la suite) fait un festin où il invite par des buchettes un certain nombre de personnes; pendant qu'il mange il dit son dessein et ce que son esprit luy a inspiré, ensuite il chante la guerre, c'est à dire qu'il veut venger un tel et manger la nation ennemie, et apostrophant dans cette chanson tous les convives il les engage insensiblement à se joindre à luy et à prendre des buchettes; ceux qui en acceptent sont enrolés. Il se joint aussy de leurs amis à eux; ainsy ce party se grossit. Le dessein de partir étant formé, ils travaillent à amasser leurs vivres, à faire leurs canots, leurs fleches, leurs cassetestes et les autres choses dont ils ont besoin et ne font que danser toute la nuit.

Le jour de leur depart étant arrivé ils mettent leurs plus beaux ajustemens, se mattachent le visage, chargent leurs canots et s'y embarquent; c'est dans ce tems que le chef de ce party de guerre fait une harangue dans laquelle il dit son dessein et le tems qu'il doit revenir; et ensuite tous les autres chantent leur chanson de mort à pleine teste tant qu'ils sont à la veuë du village; ils menent avec eux dans ces partis une ou deux jeunes femmes pour faire la chaudière; quand ils n'en menent point, c'est le plus jeune d'entr'eux qui la fait; ils vont ainsy jusques sur le lieu où ils croient trouver des ennemis soit à la chasse ou à la pesche, ou sur quelque chemin; pour lors ils placent leurs canots dans quelque endroit caché où ils ne débarquent que la nuit, et ne font point de feu à ce cabanage de peur d'être decouverts; ils commencent leur marche par terre et etablissent entre eux des decouvreurs qui sont toujours les plus adroits, les plus braves et les meilleurs coureurs; ils sont deux ou trois au plus qui marchent éloignés de la veuë les uns des autres, afin de n'être pas enveloppez tous ensemble, s'ils tomboient dans quelque embuscade; ils approchent le plus près qu'ils peuvent de leurs ennemis, et pendant la nuit ils examinent leurs forces, et de quelle maniere ils feront leur attaque; aussytost qu'ils ont fait cette decouverte un d'entre eux se detache pour venir avertir le gros; ils se mettent tous en marche pendant la nuit pour joindre les autres decouvreurs et font leur attaque à l'aube du jour, qui est ordinairement le tems où l'on est le plus assoupy et surtout les sauvages qui dansent toute la nuit, quand ils sont dans leur village où ils ne font point de faction. C'est avec de grands cris qu'ils donnent sur leurs ennemis, entrent dans les cabanes, tuent et prennent ce qu'ils peuvent; ils y trouvent peu, ou, pour mieux dire, point de resistance, car dans une pareille surprise chacun songe à fuir et à se cacher plustost que se deffendre.

Voila la conduite et la maniere dont ils attaquent leurs ennemis quand ils ne sont pas dans leur village ou qu'ils se croient en assez grand nombre pour forcer les perches dont ces villages sont ordinairement entourés; mais s'ils ne se croient pas assés forts pour le faire ils se cachent dans des fredoches ou derriere une souche et y restent vivant d'un epic de bled d'Inde jusques à ce qu'ils ayent pu assassiner quelqu'un qui aura esté obligé de sortir de ce fort pour aller chercher de l'eau ou du bois.

Ces forts ne sont ordinairement que de perches entrelassées sur le haut desquelles il y a des facines sur quoy on peut facilement marcher; il y a des sauvages qui y plantent encore derrière des pieux dans la terre.

Tous ces sauvages n'osent attaquer un fort de pieux deffendus par des Europeens, ils disent que c'est s'exposer visiblement à estre tué, que c'est n'avoir point d'esprit, que pour eux ils font la guerre pour tuer et point du tout pour estre tués, ils en ont cependant attaqué quelques uns chez les Anglois, mais ils etoient conduits et animés par l'exemple des François.

Je suis, Mr, etc.

LETTRE XXXIVe

DU RETOUR DES SAUVAGES DE LA GUERRE, ET DU TRAITEMENT QU'ILS FONT AUX PRISONNIERS PENDANT LA ROUTE

A Quebec, le 1709.

Mr,

Le retour des sauvages de ces pays est bien plus précipité que leur marche, ils ne songent qu'à se retirer le plus vite possible croyant à tous momens être poursuivis. Pour cet effet ils lient les prisonniers qu'ils ont faits, les mains derriere le dos, cernent et levent la chevelure aux morts, arrachant avec les cheveux qu'ils tiennent dans leurs mains la peau qui couvre le crane d'un homme, et retournent à leurs canots; sitost qu'ils y sont embarqués ils font chanter leurs prisonniers jusques à ce qu'ils ayent perdu de veuë le lieu de leur embarquement; ils font tous les matins pendant leur route le cry du nombre de prisonniers qu'ils ont et observent la même chose quand ils rencontrent d'autres canots, et même les font chanter pour faire honneur aux étrangers qui sont dedans, lesquels pour les remercier leur donnent à manger et leur font un festin; la plus grande attention de ces sauvages est d'avoir beaucoup de soin de bien nourrir leurs prisonniers pendant la route, de ne leur faire aucun mal et en même tems de prendre bien garde qu'ils ne s'échappent; le jour ils les lient par les bras et par le col à une des barres du canot, et la nuit ils encochent des buches dans lesquelles ils leur mettent les bras et les jambes, et les saisissent avec des piquets; ils leur lient aussy les bras avec des cordes qui sont attachées à d'autres piquets et sur lesquels couchent deux hommes; outre toutes ces precautions ils leur mettent une corde au col qui est attachée à un autre piquet, il paroist presque impossible qu'un homme puisse se remuër en cet etat; ils s'informent pendant le chemin des nouvelles de leur village et leur font chanter leurs belles actions pour savoir s'ils ont été souvent en guerre et s'ils ont tué des hommes; c'est une chose bien glorieuse pour ces sauvages quand parmy leurs prisonniers ils ont des guerriers et des gens de consideration.

Auparavant qu'ils arrivent à leur village ils mettent un homme à terre qui fait les cris ou de mort s'ils ont perdu quelqu'un ou du nombre de prisonniers qu'ils ont faits. Ces cris se distinguent par les differents sons de voix; aussitost qu'on les entend du village, tout le monde sort et va à quelques pas au devant de ce courrier, qui en arrivant s'assoit et dit tout bas les nouvelles; après quoy l'orateur ou un autre les debite à haute voix.

Je suis, Mr, etc.

LETTRE XXXVe

DU TRAITEMENT QUE LES SAUVAGES FONT A LEURS PRISONNIERS DANS LEUR VILLAGE, ET DE CEUX QU'ILS ADOPTENT

A Quebec, le 1709.

Mr,

Si les sauvages traittent bien leurs prisonniers pendant la route, ce n'est que pour pouvoir les amener en vie à leur village, car ils changent bien de conduite quand ils y sont.

Ces pauvres malheureux passent en arrivant entre tout le peuple qui fait deux hayes ; c'est dans cet endroit qu'ils commencent à être mal traités, ils y reçoivent mille coups de pierre et de batons et même y sont blessés de coups de couteaux, en sorte qu'ils sont souvent tout en sang lorsqu'ils entrent dans une cabane qui est exprès destinée pour eux, où malgré tous les maux qu'on leur a fait, on les oblige de chanter, de manger et de fumer, et où on les lie jusques à ce que le conseil en ait décidé.

Ce terme est souvent de plusieurs jours selon la nécessité de leurs affaires. C'est pendant ce tems qu'ils examinent ce qu'ils feront d'eux, et à qui ils les distribueront ; ordinairement ils servent à remplacer les morts, mais souvent ils en donnent aussy à d'autres nations pour les obliger de se joindre à eux, leur mandant qu'ils leur envoient par ce present qu'ils leur font, de la viande à manger et de quoy faire du boüillon.

Ce conseil decide bien de la distribution de ces prisonniers qu'ils regardent comme esclaves, mais ils ne decident point de leur vie n'y de leur mort; elle depend absolument de ceux auxquels ils sont donnés, à moins que celuy qui auroit tué quelque guerrier dans le combat ne fut pris, auquel cas ce conseil le condamneroit d'abord au feu.

On peut juger de l'inquiétude de ces pauvres malheureux dans l'attente de leur sort, mais elle redouble bien quand on les vient prendre l'un après l'autre pour être donnés et distribués à leurs ennemis, lesquels souvent les condamnent au feu et souvent aussy les adoptent.

Celuy qui est adopté entre dans la cabane de son maistre où les femmes le reçoivent, le lavent, le graissent, l'habillent et luy donnent le nom du mort pour lequel il est donné; ils font la même chose quand c'est une prisonniere, avec cette difference pourtant qu'il faut qu'elle travaille en esclave, au lieu qu'un homme s'il est chasseur ou guerrier devient le maître de la cabane comme celuy qu'il releve et dont il porte le nom.

Je suis, M^r, etc.

LETTRE XXXVIe

DES PRISONNIERS QUI SONT CONDAMNÉS AU FEU

A Quebec, le   1709.

Mr,

Si ces prisonniers adoptés sont heureux en devenant maîtres de la cabane de celuy qu'ils remplacent, ceux qui ne le sont point sont bien malheureux; ils sont condamnés au feu et le plus souvent par le caprice des femmes auxquelles ils sont donnés, qui par leurs hurlemens de vengeance et leur bled qu'elles jettent hors de leur cabane demandent qu'ils aillent rejoindre l'âme de leur mary frere ou parent qui a été tué. La fureur de ces femmes est quelques fois si grande qu'elles condamnent souvent au feu huit ou dix esclaves consecutivement qui leur sont donnés pour remplacer leur mary mort; mais enfin ce fatal arrest prononcé on mattache le patient et on le mene au lieu du supplice.

Ce lieu est une place proche du village où est un poteau planté, autour duquel et à quelque distance le peuple s'assemble assis en rond; c'est à quelques pas de ce poteau qu'est un feu dans lequel on fait rougir plusieurs canons de fusils.

Le monde étant assemblé, on amene cet esclave qu'on oblige de chanter à pleine teste sa chanson de mort et qui se trouve souvent arrêté en chemin par un sauvage lequel d'un grand sang froid luy arrache les ongles, luy coupe un doigt ou le luy fume dans son calumet; tous ces maux n'empêchent pas ce patient de continuer sa route et sa chanson; lorsqu'il est arrivé au poteau on luy lie les mains fort haut, afin qu'il puisse tourner au tour et qu'il excite par ses differents mouvemens tous les assistans qui font des hüées à tous ceux qu'il fait. Dabord qu'il est lié, un sauvage à qui l'on peut bien donner le nom de bourreau, prend un canon de fusil tout rouge dont il luy frotte les jambes, et le laissant quelque moment, on luy donne pendant ce tems à fumer, on le fait chanter et dire ses exploits de guerre; mais pour recommencer ses douleurs, un vient luy couper un doigt, un autre luy frotte encore les jambes et les cuisses de ces canons de fusil tous bruslants; comme on ne veut pas le faire mourir trop vite on le laisse encore reposer; ses tourmens recommencent cependant bientost avec tout ce qu'ils peuvent s'imaginer de plus cruel; cette horrible tragédie dure pendant des cinq à six heures. Quand ces sauvages se sont lassés de se rejoüir des maux qu'ils font à ce malheureux, ils luy coupent les doigts qui luy restent et souvent les poignets, luy levent la chevelure et arrosent sa teste avec de la cendre rouge; c'est en ce tems qu'ils le delient. Aussitost ce pauvre captif à demy mort se met à fuir et veut ramasser quelques morceaux de bois pour se deffendre contre la jeunesse qui le poursuit à coups de pierre; il est bientost accablé de ceux qu'il reçoit, et n'est pas plustost tombé qu'on luy ouvre le ventre et chacun arrache un morceau de sa chair pour la manger, les femmes frottent les enfans qu'elles portent à la mamelle du sang de ce mort afin qu'il devienne guerrier, plusieurs en boivent; enfin en un instant il ne reste que les os de cet homme dont la teste est mise sur un piquet.

La rage des sauvages ne va pas seulement à brusler les hommes, ils font souffrir les mêmes tourmens aux femmes; pour les enfans ils les jettent dans le feu.

La cruauté des femmes est aussy grande que celle des hommes; elles servent de bourreau et font des choses que la bienseance ne permet pas de dire.

Je suis, Mr, etc.

LETTRE XXXVIIe

DE LA FIERTÉ DES ESCLAVES AU POTEAU
ET DES GUERRES QUI SE FONT PAR RAPORT AUX RESVES

A Quebec, le 1709.

Mr,

Quoyque ces esclaves souffrent les tourmens les plus cruels que l'on puisse s'imaginer, car je ne vous ay decrit qu'imparfaitement ceux qu'on leur fait, il s'en trouve parmy eux qui marquent en les souffrant une constance qu'on ne peut trop admirer; il s'en est vû qui disoient au poteau, adressant la parole à leurs boureaux : est-ce ainsy qu'on brusle les hommes? c'est aux tempes et aux parties honteuses où il faut brusler des guerriers pour les faire souffrir. D'autres disoient : je ne me soucie pas de mourir, j'ay mangé de toutes les nations, mes parens me vengeront, c'est le sort des guerriers de mourir par le feu, mais aprenés de moy, vous qui m'écoutez, à bien mourir, et ne criez point quand on vous bruslera.

La guerre que les sauvages font à cause de leurs resves se fait de même que celle qu'ils font par animosité; leurs précautions sont egales et le traitement qu'ils font à leurs prisonniers est le même. Cette guerre se fait très souvent pour se repeupler lorsqu'ils ont été attaqués d'une maladie populaire, ou que par les guerres qu'ils ont été obligés de soutenir ils ont perdu beaucoup de monde; comme ils songent à se retablir, un chef de guerre reve que dans un pays eloigné il y a bien des hommes lesquels n'ayant point connoissance des armes à feu seront etonnés d'entendre tonner leurs fusils; il fait aussitost un festin de guerre, et forme par ce moyen un party pour cette entreprise, lequel souvent reussit par beaucoup d'esclaves qu'ils amenent, mais quelques fois aussy ils y sont tuez, ce qui cause une guerre d'animosité.

Outre les armes à feu dont les sauvages qui ont commerce avec nous et les Anglois se servent, et que nous et eux leurs avons peut être données trop légerement, ils ont aussy le casseteste, l'arc et la fleche dont toutes les nations se servent; les uns ont ces arcs de 4 pieds, les autres de 3 qui sont ronds ou plats avec un fer de lance au bout; les fleches sont egales et armées de fer, de cuivre, d'os ou de pierre au bout; il y a des nations qui y mettent quatre plumes et d'autres trois.

Quand un chef a été tué dans ces guerres ou qu'il est mort de maladie, on donne son nom avec ceremonie à un autre brave qui se fait un honneur de le porter, et s'oblige en le prenant de venger sa mort et de faire quelque action d'éclat; cela ne se pratique qu'après l'année du decès de ce chef pendant laquelle sa femme et ses plus proches parens portent le deüil; ce deüil est de donner les hardes du mort, de ne se point graisser ny mattacher et d'eviter les assemblées de divertissement; les femmes dont les maris ont été tuez et les parens les plus proches sont toujours en pleurs. Lorsqu'ils se rencontrent aux danses et aux festins, ils y font des cris lugubres, c'est de cette façon qu'ils demandent vengeance quand on tarde à les venger, et tachent d'emouvoir les guerriers; quand ils voient qu'ils n'y peuvent reussir, ils font des presens et les femmes vont jusqu'à reprocher à ces guerriers leur peu de bravoure et à les traitter de laches; c'est par la rage de ces femmes que les guerres ont bien de la peine à finir entre les sauvages.

Je suis, M^r, etc.

LETTRE XXXVIIIe

DE LA CHASSE D'HIVER DES SAUVAGES ET DE LEURS SUERIES

A Quebec, le   1709.

M^r,

Tous les sauvages quittent leur village l'hyver et le bord des rivieres et des lacs où ils sont établis et entrent dans les terres et dans la profondeur des bois pour y faire la chasse, ils se separent les uns des autres afin d'y trouver plus facilement de quoy vivre et ils enmenent avec eux leurs femmes et leurs enfans, ne laissant au village que ceux qui ne peuvent absolument marcher.

Ils ont aussy avec eux tous leurs chiens dont ils ont quantité; ces chiens sont assez grands ayant la teste et les oreilles faites comme celles d'un renard; les sauvages du Nord et des lacs ne leur donnent jamais à manger les os de castor et de porc-epic, ayant la superstition de croire que s'ils leur en donnoient, ils ne prendroient plus de ces animaux.

Les femmes portent sur leur dos tout l'equipage avec des colliers qui sont faits comme une sangle et qui ont deux ou trois aunes de long; et elles mettent ces colliers sur le front; pour les hommes, ils portent peu de chose outre leurs armes et mettent le collier sur le haut des épaules; ils ne sortent tous du bois que quand les rivieres sont deprises. Les sauvages qui se servent de canots en font aux endroits où ils se trouvent, quand il y a de l'ecorce propre, et lorsqu'il ne s'en trouve point, ils cousent ensemble deux peaux d'orignaux ou de cerfs avec lesquelles ils en font un qui ne laisse pas quoyque très fragile d'estre seur pour eux; à l'egard de ceux qui ne se servent point de canots, ils reviennent par terre.

Ces sauvages sçavent les routes des bois et les connoissent comme nous savons les ruës d'une ville; ils ont tous la veuë très bonne, et ils distinguent des pistes d'hommes et d'animaux sur les herbes et sur des rochers où il ne paroit qu'une mousse très legere.

Ils marchent tous plus vite que nous et sont bons coureurs, et parmy les nations il y en a qui ont autant d'avantage sur les autres que ces autres en ont sur nous. Quand ils sont fatigués ou qu'ils ont quelque incommodité, ils font des sueries; ils plantent pour cet effet quatre piquets au-dessus d'un trou qu'ils ont fait en terre, les couvrent de robes de castors, se mettent sur une ecorce dans ce creux ayant à coté d'eux des roches toutes rouges sur lesquelles ils jettent de tems en tems de l'eau ou des morceaux de tabac afin que la fumée qu'elles jettent alors porte la chaleur partout. C'est dans ces endroits qu'ils suent, on n'y a aucun air, il y fait une chaleur excessive, l'eau leur decoule de tout le corps et tous leurs pores sont ouverts; cela n'empeche pas qu'ensuite tout pleins de sueurs, ils n'aillent se baigner, et se jettent dans l'eau froide sans que cela leur fasse aucun mal.

Quoyque lapluspart des sauvages ayent plusieurs

BIBLIOTHÈQUE NATIONALE — B. N. — IMPRIMÉS

11

femmes, ils n'ont pas beaucoup d'enfans, ce qui fait qu'ils ne sont pas fort nombreux ; outre cela la debauche à laquelle ils s'adonnent presque tous quand ils en trouvent l'occasion, les maladies populaires dont ils sont souvent attaqués, les guerres et la misere diminuent bien leur nombre, si bien qu'il y a plusieurs nations qui sont très peu nombreuses.

Je suis, M[r], etc.

LETTRE XXXIXe

DES DIFFERENTES SORTES DE SAUVAGES

A Quebec, le   1709.

M[r],

On peut distinguer en quatre classes les sauvages. Les sauvages errants font la premiere, ils sont communement appellés gens des terres ou gens du Nord, lesquels habitent dans les terres, n'y font point de bleds d'Inde, n'ont point de villages sedentaires et n'y vivent que de chasse et de pesche.

Tels sont ceux qui habitent depuis les Esquimaux jusqu'aux Temiskamingues qui sont les derniers le long de la grande riviere des Outaouois dont on aye une parfaite connoissance ; ce sont les Oumiamis, Chicoutimiens, Papinachois, Montagnais, Algonquins de la riviere Saint-Jean, grands et petits Mistassins, habitans de Nemisco, Aticamegues ou Poissons-blancs, Monsonis, Pisouotagamis, Abitibis, Macha-tantibis (*sic*) ou Têtes de Boules, Temiscamingues et Cristinaux[1].

La maniere de ces sauvages pour se loger est bien facile, ce sont plusieurs ecorces de bouleau de trois pieds de haut, cousues ensemble, et de 8 pieds de long dont ils enveloppent un rond de plusieurs perches qui se joignants par le haut composent un grand tour par en bas pour placer les personnes qui sont dedans. Les branches de sapin qu'ils rompent leur servent de paillasse sur lesquelles ils etendent quelques peaux d'ours ou de chevreüil pour leur servir de matelats et s'enveloppent dans leur robe de castor ou autres cou-vertures pour dormir.

On peut comprendre parmy ces sauvages d'autres qui quoyqu'ils habitent sur le bord des lacs et des rivieres et soient sedentaires l'été, ne cultivent point la terre et ne font par consequent point de bled ; tels sont les Amiquoués, Mississagué, Noquets, Malou-mines ou Folles avoines, Sauteurs ou Chipouais et Nadouessioux, les gens de la Sapinerie qui sont dans le fond du lac Supérieur, et les Sioux.

La seconde classe des sauvages sont les gens des lacs, sedentaires et qui font des bleds ; ce sont les Sauteurs de Kiousouenau (*sic*), les Ontaouais, les Hurons, les Poutouatamis et les Sakis, ces derniers tiennent de la deuxième ou troisième classe.

---

[1] Quelques noms propres ont été mal copiés dans le manuscrit ou sont illisibles.

La troisième classe sont les gens des prairies qui sont les Puants, les Outagamis, les Kicapoux, les Mascoutins, les Miamis et les Ilinois; parmy eux sont les Iroquois qui ne se servent point non plus qu'eux de canots d'ecorce de bouleau.

Ce qui forme la quatrième classe, ce sont les Abenakis, lesquels sont limitrophes entre les Anglois et cette colonie et qui habitent aux environs de la mer, de même que les Mikemakes, Amalessites et Gaspesiens.

Les cabanes de ces sauvages sont longues et couvertes d'ecorce d'arbres de toute espece; le haut est en dome avec un trou à chaque feu pour faire sortir la fumée. Elles sont solides, faites à demeure et de dix ou de huit feux suivant que la famille est nombreuse; il y en a où il loge 30 à 60 personnes.

Tous ces sauvages en general, excepté les gens des prairies, se servent du canot d'ecorce de bouleau lequel est plus grand ou plus petit suivant les rivieres qui sont dans le pays qu'ils habitent.

Je suis, M^r, etc.

LETTRE XLe

DE LA QUANTITÉ DE FEMMES QU'ONT LES SAUVAGES
ERRANS OU DU NORD, DE LA MANIERE
DE COURIR L'ALLUMETTE ET DE LA FESTE DES MORTS

A Quebec, le   1709.

M^r,

Les sauvages errants ou sauvages du Nord ont plusieurs femmes et même jusqu'à six ; elles ont chacune leur nuit ; mais d'abord qu'il y en a une qui se croit grosse, elle ne voit plus son mary, ny pendant deux ans qu'elle nourrit. Elle donne pour raison que cela feroit mourir son enfant ; ainsy le mary en prend une autre et afin qu'il y ait moins de debat et de jalousie entre ses femmes, il choisit ordinairement une des sœurs de sa vieille femme, qui est la premiere, quand il s'en trouve parmy elles qui luy plaisent ; la derniere femme est toujours la plus jeune et suit son mary quand il va en chasse ou en guerre.

Les vieilles femmes sont les maitresses des viandes et des pelleteries et se consolent par là de voir partager les faveurs de leur mary à une autre qui leur épargne la peine de raccommoder ses hardes, en ayant elle seule le soin.

La maniere dont les filles vivent parmy les sauvages est très commode ; elles sont maîtresses de leur corps jusqu'à ce qu'elles soient absolument mariées, les garçons les vont visiter la nuit dans leurs cabanes et ils allument une allumette pour connoitre la fille qu'ils cherchent. Lorsqu'ils l'ont trouvée, si elle veut les recevoir elle soufle cette allumette; si non, elle luy dit de se retirer et se couvre le visage, le garçon se retire et s'en va à une autre, de laquelle il est souvent mieux receu; c'est un mouvement auquel on ne trouve point à redire pendant toute la nuit dans les cabanes, c'est l'usage de ces sauvages du Nord et même de ceux de tous ces lacs.

Quand une fille est mariée elle n'est plus sujette à l'allumette et n'oseroit ouvertement manquer de fidelité à son mary, car la chose etant avérée il luy couperoit le nez.

Les femmes de ces sauvages sont très malheureuses, elles ont outre les incommodités de la faim à supporter aussy bien que leur mary, à faire tout le pénible du menage; outre cela elles pechent et font la chasse au lievre l'hiver avec le collet.

Lorsque les femmes et les filles sont incommodées pendant de certains tems, on leur fait une cabane reculée de celle où elles demeurent ordinairement; elles font leur feu, leur boire et leur manger à part; ces sauvages ont la faiblesse de croire qu'ils mourroient s'ils mangeoient avec elles pendant ce tems.

Ils bruslent leurs morts, en lavent et grattent les os qu'ils mettent dans une peau passée d'orignal ou de castor; ils les exposent longtems en cet état dans leur cabane, et les matins le parent le plus proche du deffunt chante ses louanges et ses exploits, et chacun va pleurer le mort par un présent qu'il met devant ses os.

Ils ont coutume au bout de trois ans de faire la feste
des morts ; cette feste se fait après qu'ils ont assemblé
toutes les nations qui leur sont alliées, auxquelles ils
distribuent toutes les pelleteries qu'ils ont ayant chassé
exprès pour cela ; après cette distribution faite et des
présents de vivres ils bruslent tous ces os. Il se trouve
cependant des nations qui gardent et conservent les
os de leurs morts quoyqu'elles les ayent portés à la
feste.

Je suis, M^r, etc.

LETTRE XLIe

DE L'ADRESSE DES SAUVAGES DU NORD A LA CHASSE
ET A LA PÊCHE

A Quebec, le   1709.

M^r,

Comme ces sauvages du côté du Nord sont privez
de la commodité d'avoir des bleds par la mauvaise
qualité de la terre et la froidure du climat et des differents animaux qui sont au Sud, lesquels habitent
cette partie de terre y trouvant le climat plus doux et
plus temperé ; aussy Dieu pour récompense leur
a donné l'adresse d'estre meilleurs chasseurs que ceux
qui ont l'abondance dans leurs pays, et que cette
abondance rend indolents et paresseux au lieu que la
necessité donne de l'industrie aux autres.

Leur chasse est au caribou qu'ils tuent l'été à la piste, à coups de fleche ou avec le fusil.

Ils se servent aussy pour prendre ces animaux de collets qu'ils tendent dans leurs passées ordinaires.

Ils leur font aussy l'hyver la chasse en raquettes sur les neiges, aussy bien qu'aux autres animaux qu'ils prennent dans des attrapes qu'ils font, ou qu'ils tuent à coups de fleches et de fusils.

Ils sont aussy adroits à la pesche qu'à la chasse, ils font à ce sujet une histoire, qu'un certain Sirakitehak qu'ils disent avoir créé le ciel et la terre et qui est une de leurs divinités, inventa la maniere de faire des filets après avoir attentivement consideré l'araignée quand elle travaille à faire sa toile pour attraper des mouches. Ils font ces filets avec de l'ortie ou du chanvre sauvage dont il y a quantité dans les lieux humides, que les femmes et les filles filent et tordent sur leurs cuisses à nud ; les cordes qui servent de maître à ces filets sont faites d'ecorce de bois blanc ou de bois de plomb et sont fortes et difficiles à rompre.

C'est avec ces filets qu'ils prennent toutes sortes de poisson et même du castor ; ils pêchent aussy à la ligne dormante à 40 et 50 brasses d'eau, au bout de laquelle ils attachent la moitié du petit poisson, dans laquelle ils ont passé un morceau de bois dur et aigû, caché de telle maniere que le poisson qui vient pour avaler cette moitié ne s'en aperçoit point ; par ce moyen ils prennent beaucoup de truites.

Comme ils sçavent en quel tems ce poisson passe dans les rivieres, ils y font des barrieres n'y laissant qu'une sortie où ils mettent des *puises* qu'ils retirent pleines de poisson, quand ils en ont besoin.

Leur adresse à darder le poisson donne de l'admiration à ceux qui ne sont pas accoutumés à leur voir faire cette pesche; ils se servent d'une perche de 18 à 20 pieds de long au bout de laquelle il y a un dard fait d'un os plat et fort aigu avec des dents jusqu'au haut. Ce dard est percé et attaché avec une petite corde à la perche dans laquelle il s'emboïte; lorsqu'un sauvage darde un poisson à 8 ou 10 brasses d'eau, ce dard sort de la perche et demeure attaché par les dents au corps du poisson qu'il tire ensuite à luy; ils se servent pour attirer le poisson d'un petit poisson de pourcelaine qu'ils font jouer dans l'eau attaché au bout d'un fil.

Je suis, Mr, etc.

LETTRE XLII°

DES SAUVAGES ERRANTS QUI HABITENT DEPUIS LE DETROIT
DE BELISLE
APRÈS LES ESQUIMAUX JUSQU'AU LAC SAINT-JEAN

A Quebec, le   1709.

M[r],

Les premiers sauvages qui habitent après les Esquimaux dans le détroit de Belisle jusqu'aux Sept Isles sont les Omamioueck et Ouchestigouëts, ils sont en très petit nombre.

Au dessus d'eux habitent les sauvages Papinachois[1] qui entrent l'hiver dans les terres et viennent traitter l'été sur le bord du fleuve avec les personnes que le fermier de Tadoüssac envoye ; ce lieu etant une dependance de la ferme, ils sont aussy en très petit nombre.

Ils sont les uns et les autres très dociles, mais très superstitieux et craintifs ; ils font des sacrifices au diable en mettant des chiens en vie pendus par le col à des perches où ils les laissent mourir ; c'est dans ce tems qu'ils luy font des invocations afin qu'il leur soit

[1] D'après la *Relation* de 1661, le P. Bailloquet descendit cette même année le Saint-Laurent jusqu'à son embouchure, et, s'enfonçant dans les terres dans la direction du nord-est, il visita les « Papinachois, les Bersiamites, la nation des Monts pelés, les Oumamioueck et autres alliées de celle-ci ». (Charlevoix, t. ii, p. 107.)

propicé. Ils pendent aussy à ces perches des peaux de caribou et des robes de castor suivant que leur dévotion est forte, ou leur crainte.

Le pays qu'ils habitent est à peu près de la même qualité que celuy des Esquimaux, excepté qu'il y a du castor et plus d'animaux.

Au dessus d'eux habitent les Montagnais qui occupent jusqu'à Tadoussac, qui estoit autrefois le lieu d'assemblée de toutes les nations du Nord; il s'y formoit un village de 12 à 15 cent hommes; mais ce pays etant inculte à cause dès rochers dont il est couvert, et les sauvages ayant detruit les bestes propres pour la vie, se sont reduits eux mêmes à mourir de faim et de misere; l'ivrognerie à laquelle ils se sont adonnés avec tant de fureur qu'ils preferent l'eau de vie à leurs besoins et à leurs nécessités, leur a causé des maladies populaires dont ils sont presque tous morts.

C'est à cet endroit où est scitué le principal poste des fermiers sur le bord du fleuve Saint-Laurent, et à côté de la riviere de Saguenay par laquelle on entre dans la profondeur des terres et par où on penetre jusqu'à la baye d'Hudson.

Cette riviere est très large et bordée des deux côtés de montagnes inaccessibles; il ne se trouve pendant 20 lieuës que deux moüillages, l'un à deux lieuës de son embouchure et l'autre à quinze lieuës à l'isle Saint-Louis; les barques y vont à 30 lieuës au pied d'un rapide où il y a une traite dépendante de Tadoussac nommée Chikoutimi.

Cette riviere sort du lac nommé le lac Saint-Jean

de 15 à 18 lieuës de tour, lequel est formé par plusieurs autres grosses rivieres.

Il reste autour de ce lac quelques debris de ces fameux sauvages Algonquins autrefois si nombreux et qui ont soutenu en ce pays l'etablissement des François dans son commencement contre les Iroquois; ils s'y sont retirés pour eviter la fureur de leurs anciens ennemis et y vivent très miserablement de pêche et de chasse.

Il y avoit un missionnaire autrefois avec eux, mais il n'y demeure plus à present toute l'année. Il y va tous les ans[1] avec les traiteurs de la ferme de Tadoussac et y donne les secours spirituels à ces sauvages aussy bien qu'aux Montagnais; ces deux nations ensemble ne peuvent pas faire plus de 40 guerriers; ils sont dociles et n'aiment point à faire la guerre dont la derniere leur a fait toutes les incommodités imaginables.

Je suis, M^r, etc.

---

[1] Comme nous l'avons dit dans notre histoire : *Les Jésuites et la Nouvelle-France* (t. III, p. 433), c'est le P. André qui, après la mort du P. de Crépieul, fit chaque année « quelques légères excursions à Chicoutimy ». Le P. André mourut le 19 septembre 1715. Né au diocèse d'Avignon le 28 mai 1631, il était arrivé à Québec en 1669, et avait été de là envoyé comme missionnaire à la baie des Puants. (Voir son *Cursus vitæ*, note 2, p. 369, t. III, *Les Jésuites et la Nouvelle-France*.)

LETTRE XLIIIe

DES SAUVAGES ERRANTS QUI HABITENT LA RIVIERE DE NEMISCO JUSQU'AU FOND DU LAC SUPERIEUR ET VERS LA BAYE D'HUDSSON

A Quebec, le 1709.

Mr,

Entre toutes les rivieres qui se dechargent dans le lac Saint-Jean dont je vous ay parlé, on trouve celle de Nekouba, sur laquelle sont les grands et petits Mistassins qui habitent le lac de leur nom d'où sort cette riviere; ce sont des nations si errantes et si sauvages qu'à peine les peut-on joindre[1]; ils fuyent si tost qu'ils aperçoivent quelqu'un et ne s'arretent

[1] Au commencement de juin (1661), les PP. d'Ablon et Druillettes s'engageaient dans le Saguenay sur une flottille de quarante canots; ils dépassaient Chicoutimy et arrivaient sur les bords du lac Saint-Jean... Aucun Français ne s'était encore avancé au delà de ce pays... Dans les premiers jours de juillet, ils sont à Nekouba, « lieu célèbre à cause d'une foire qui s'y tient tous les ans, à laquelle viennent tous les sauvages d'alentour pour leur petit commerce. » (*Les Jésuites et la Nouvelle-France*, t. II, p. 368; *Relation* de 1661, sect. I, p. 13.) Le P. Nouvel, qui s'était avancé, en 1664, jusqu'au lac Manikouagan (Saint-Barnabé), visita aussi, pendant l'été de 1667, les sauvages du lac Saint-Jean (*Relation* de 1667, p. 27); mais le grand apôtre des peuplades qui habitent les lacs Saint-Jean et des Mistassins et les pays environnants, c'est le P. de Crépieul, qui, pendant près de trente ans, à partir de 1671, leur consacra sa vie d'apôtre. En 1676, il bâtit une chapelle à Chicoutimy et une autre à Métabetchouan, près du lac Saint-Jean. (*Les Jésuites et la Nouvelle-France*, t. III, p. 414 et suiv.)

qu'après avoir bien observé ceux qui veulent leur parler ; ils descendent au lac Saint-Jean pour traitter de leurs pelleteries, ou bien on va chez eux les chercher ; ils vivent miserablement de chasse et de peche et sont contraints souvent de racler les pins et les bouleaux pour soulager leur faim. C'est au delà de ces Mistassins qu'on trouve les habitans de Nemisco qui sont moins sauvages que ces premiers, à cause qu'ils ont eu connoissance des Anglois qui etoient établis au bas de leur riviere dans un fort nommé Ruper qui a été ruiné par les François[1].

Ils sont très adonnés à leurs superstitions ; rien n'est égal aux sottises qu'ils font suivant leurs rêves ; ils ne font point de course pour voyage, pour la chasse ou pour la pesche qu'ils ne fassent des offrandes à leur manitou ou au soleil, de ce qu'ils ont de plus precieux, que les François enlevent sans aucun scrupule des arbres où elles sont attachées ; leur manitou est ordinairement un animal dont la peau qu'ils gardent soigneusement fait leur divinité, et ils se font piquer sur le corps sa figure.

Ce sont chez les peuples de Nemisco et Mistassins

---

[1] Le P. Silvy, qui évangélisa pendant sept ans les tribus du lac Saint-Jean et les Papinachois, pénétra deux fois en apôtre jusqu'à la baie d'Hudson par la rivière Ruper ou Nemiscau, laquelle coule entre la baie et le lac des Mistassins. Il fit ces deux excursions évangéliques à la baie d'Hudson avant d'y accompagner, en qualité d'aumônier, l'expédition des Canadiens conduits par de Troyes, au mois de mars 1686. C'est sur la rivière Nemiscau que se trouve le lac du même nom. Le P. Albanel, parti de Québec en 1670 avec M. de Saint-Simon, était arrivé à la même baie par le lac Saint-Jean, le lac des Mistassins et la rivière Nemiscau. Rentré à Québec la même année, il retourna à la baie d'Hudson l'année suivante, et y fut fait

que se trouvent les plus belles pelleteries pour les martes, renards, loutres et loups cerviers. Souvent ils descendent à la mer du Nord pour y vivre plus commodement, et pour commercer avec des Anglois, detachés du fort de Nieuvasavane, qui viennent à l'endroit où etoit l'ancien fort Ruper.

Les Aticamegues ou poissons blancs, Monsonis, Abitibis, Machatantibis ou teste de boules et les Temiscamingues, habitent depuis la rivière de Nemisco jusqu'au fond du lac Supérieur; toutes ces nations sont en très petit nombre et toujours errantes, se rassemblant seulement l'été pendant 15 jours à quelque pointe ou sur quelque riviere, en 3 à 4 cabanes, après quoy elles se quittent.

Vers la baye d'Hudson on trouve les Cristinaux qui sont fort nombreux et grands voleurs; tous ces sauvages ont les mêmes coutumes que ceux dont je viens de vous parler, leur pays est le même et c'est de chez eux que viennent les belles pelleteries et le beau castor sur tout de celuy qui s'appelle moscovie.

Je suis, Mr, etc.

prisonnier par les Anglais, qui le rendirent à la liberté en 1676. (*Les Jésuites et la Nouvelle-France*, t. ii, p. 372-375; Charlevoix, t. ii, p. 296.)

LETTRE XLIVᵉ

DES FORTS APPARTENANTS AUX FRANÇOIS ET AUX ANGLOIS
DANS LA BAYE D'HUDSON

A Quebec, le   1710.

Mr,

Les François possedent dans la baye d'Hudson le fort Bourbon et Nieuvasavane, qui est un autre petit fort qui rentre dans la baye. Les Anglois possedent dans le fond de cette baye les forts de Kitchitchouan[1] et de Monsoni[2] distans de 30 lieuës l'un de l'autre. Le climat est extraordinairement froid en ce pays, les terres toutes mauvaises n'y produisent que de la mousse et de petits sapins; ce n'est quasi partout que roches, rochers et savannes; les pelleteries y sont fort belles, le castor le plus beau et le plus cher se tire de cet endroit et ces forts n'y sont établis et conservés que pour en faire le commerce avec les nations sauvages.

Il y a quantité de gibier comme canards, outardes et cignes; le caribou y est en grande abondance.

Les rivieres y sont prises jusqu'au commencement de juin; la mer y gelle et il n'y a que trois mois pendant l'année que les vaisseaux peuvent entrer dans

[1] Fort Sainte-Anne.
[2] Fort Saint-Louis.

cette baye, encore faut-il pour y arriver qu'ils naviguent au milieu des glaces.

Il y a une sorte d'animal en ce pays qui ne vit que des autres animaux qu'il dévore, il attaque même les hommes. Quand les sauvages ont découvert sa piste, ils l'entourent et font des trous en terre pour se cacher, ils se munissent de leur arc et de fleches et de quelques robes de castor; aussytost un fait un cry, cet animal y court, mais en passant on luy jette une robe de castor qu'il s'amuse à dechirer. Pendant ce tems ceux qui peuvent le voir luy decochent un nombre infiny de fleches; se sentant frapper, il quitte cette robe et veut courir à l'endroit d'où partent les fleches dont il est percé; mais un autre d'un autre côté fait un cry, cet animal y court, on l'amuse en passant avec d'autres robes de castor qu'on luy jette, et à la fin de cette maniere on le tuë.

Je suis, Mr, etc.

LETTRE XLVe

DU LAC HURON, DES AMIQUOUÉ ET DES MISSISSAGUÉ

A Quebec, le 1710.

Mr,

Presque tous les sauvages dont je vais vous parler cultivent la terre et des champs où ils sement le bled d'Inde ; ce sont leurs femmes qui en ont toute la peine, les hommes ne se meslent que de la chasse et de la guerre.

Les Amiquoüé, autrement nation du Castor, sont en petit nombre, ils habitent l'été le long des bords du lac Huron où ils vivent grassement de poisson. Ils font du desert dans les isles qui se trouvent dans ce lac, où ils sement du bled d'Inde qu'ils ne recueillent ordinairement qu'en vert, les brûmes empechant qu'il ne vienne en parfaite maturité ; ils font provision l'automne de quantité de bluets qu'ils amassent pour l'hiver. Ce lac a 300 lieües de tour, le côté du nord est couvert de montagnes et on y trouve les mêmes animaux qui sont en ce pays, outre ceux qui sont au nord ; il y a du cerf et du chevreüil en quantité et des coqs d'Inde sauvages lesquels ne different des nôtres qu'en ce qu'ils ont le pied rouge : le poisson qu'on y pesche est la truite, l'esturgeon et le poisson blanc ; ce dernier qui est de la grosseur d'une alôse et n'a d'autres arrestes qu'une au milieu, doit estre le meilleur poisson du monde, puisque tous ceux qui en ont mangé disent qu'on ne s'en lasse point et qu'on le prefere à toutes les viandes que l'on peut avoir. La maniere de l'accommoder est de le faire boüillir avec de l'eau et du sel, et il fait un boüillon perlé comme s'il étoit de viande.

Les Mississagué demeurent à une riviere de leur nom qui tombe dans ce lac du côté du nord, elle est fort abondante en poisson, surtout en esturgeons; ils se rassemblent pendant tout le printemps sur le bord de cette riviere pour y faire des bleds qui meurissent peu. Ils peuvent être 45 ou 60 guerriers et sont presque tous voleurs.

Je suis, Mr, etc.

LETTRE XLVIe

DES SAUVAGES SAUTEURS ET DES ENDROITS OU ILS HABITENT

A Quebec, le   1710.

Mr,

Les Sauteurs habitent l'entrée du lac Superieur à 46 degrés 14 minutes et prenent le nom du Saut ou du rapide qui fait la decharge de ce lac dans celuy dont je vous ay parlé dans ma derniere lettre; ils cultivent du bled à cet endroit qui a bien de la peine à y mûrir, à cause des brumes du rapide, mais la pesche du poisson blanc qui y est fort abondante et dans tout le lac fournit largement à leur subsistance.

Il est aisé de la faire dans ce rapide qui a environ un quart de lieuë de large et n'est qu'à trois lieuës de l'entrée de ce lac. Un homme se met dans un canot et après avoir monté quelques cascades rapides et y avoir jetté une *puise,* se laisse doucement desriver et retire ensuite cette puise pleine de sept ou huit gros poissons blancs. Il n'y a qu'à remonter ce rapide et rejeter sa puise pour en pescher encore autant, si bien qu'on en prend tant qu'on en veut et à toutes heures.

Les sauvages font une histoire au sujet de ce rapide ; ils disent que c'etoit autrefois une chaussée de castors qu'un de leurs dieux nommé Michabou écrasa en passant dessus ; ce dieu, suivant ce qu'ils en disent, devoit être aussy grand que Gargantua et les choses qu'ils en racontent sont à peu près les mêmes qu'on dit de ce géant fabuleux.

Ces Sauteurs se sont divisés en plusieurs familles qui habitent le long des bois de ce lac, les uns sont à Kioucounan du côté de l'oüest où ils sont sedentaires et font des bleds, les autres habitent le côté du nord et n'y vivent que de chasse et de pesche ; ces derniers sont voleurs et s'attroupent même pour piller les canots des François quand ils les trouvent seuls ; toutes ces nations rassemblées peuvent faire environ cent cinquante guerriers.

La premiere des missions qu'on a faite aux Outavois

a été ce Saut[1], c'est même celle qui a donné lieu à toutes les autres ; mais elle a été la premiere à se moquer de nos mysteres, si bien qu'elle est à present abandonnée.

Je suis, M^r, etc.

LETTRE XLVIIe

DES JONGLEURS SAUTEURS

A Quebec, le   1710.

M^r,

L'abondance du poisson rend l'endroit du Saut, où demeurent les Sauteurs dont je vous ay parlé par ma derniere lettre et que les François ont nommé Sault de Sainte-Marie, habité pendant l'été de plusieurs nations errantes qui viennent pour y vivre ; c'est là où ils exercent leurs diableries jusqu'à l'excez ; outre les reves, les danses, les sacrifices et autres idées superstitieuses que les Sauteurs ont comme les autres

---

[1] Les Outaouais habitaient les bords des Grands Lacs. Ils étaient mêlés de débris de Hurons. Les principales missions, dites *outaouaises*, étaient : *A. Sainte-Marie-du-Sault*, sur la rivière par laquelle les eaux du lac Supérieur se déversent dans le lac Huron. Le Père d'Ablon fonda (1668) cette mission ; *B.* la mission du *Saint-Esprit*, vers l'extrémité occidentale du lac Supérieur ; *C.* la mission de *Saint-François-Xavier*, au fond de la baie des Puants ; *D.* enfin la mission de *Saint-Ignace*, dont il sera question à la lettre LIIe.

nations, ils encherissent par dessus et font comme nos operateurs de France qui courent les villes; ils repandent de la medecine et font à ce qu'ils disent mourir par leur sortilege ceux qui ne sont pas de leurs amis, ce qui est cru par les autres sauvages, car parmi toutes ces nations il n'y a point de vieux n'y de vieille qui n'ayent quelque secret de medecine ou vraye ou fabuleuse.

Ces Sauteurs trouvent le secret de se faire craindre par leurs discours, et pour persuader davantage ils conviennent avec une ou plusieurs personnes qu'elles feront le personnage de moribond, de mort et de vivant, suivant que cela leur sera necessaire pour prouver leur puissance.

C'est en ce tems qu'ils font sçavoir au public par une harangue, que dans la cabane d'un tel on y dansera la medecine, et que les jongleurs y feront voir des effets prodigieux de leur science et de leur pouvoir. Longtems auparavant ils preparent au son du tambour avec des invocations diaboliques les remedes ou arts magiques dont ils pretendent se servir; ensuite la nuit indiquée, ils apprestent leur attirail qui consiste dans plusieurs petits sacs ou pacquets d'ecorce, dans lesquels il y a des poudres et des ossemens de bestes, et en une peau de loutre qu'ils font remuer et sauter suivant les mouvemens de leurs corps et de leur chichikoüé.

Quand tout le monde est assemblé, un des jongleurs commence à faire un grand discours à leur loüange; ils y vantent leur science et leur pouvoir sur la vie et sur la mort des hommes; les autres l'aplaudissent; et pour commencer à prouver ce qu'il a dit, ils jettent de leur poudre sur les personnes qui sont à leur devotion, lesquelles aussitost tombent et se tourmentent comme des possedés, ecumant et faisant des crys terribles ; les jongleurs redoublent de leur côté ceux qu'ils font, leur jettent encore de leur poudre et le moribond contrefait le mort ; on le porte, on le tourne, il paroist sans connoissance et sans mouvement. C'est en ce tems que ces jongleurs triomphant de la surprise qu'ils voient sur tous les visages s'ecrient que ce n'est rien, que la vie et la mort dependent d'eux, qu'ils luy ont ôté la vie, mais qu'avec leurs remedes ils vont la luy rendre ; tout est pendant ce tems dans un profond silence et d'une grande attention ; pour cet effet ils luy souflent d'une autre medecine en invoquant leur manitou, appellent ce mort qui ne l'est que parce qu'il le veut bien être et qui pour finir la scene revient peu à peu avec la même santé qu'il avoit avant tout ce manege ; il se leve, s'assit ensuite et raconte à l'assemblée des fables et des histoires de l'autre monde qu'il dit avoir veu.

Je suis, Mr, etc.

———

LETTRE XLVIIIe

DU LAC SUPERIEUR ET D'UNE MINE DE CUIVRE

A Quebec, le   1710.

Mr,

Le lac Superieur a selon la supputation des voyageurs 250 lieuës de long; sa figure est d'un arc bandé et on trouve à l'oüest une langue ou pointe de terre Kioucounan qui avance plus de trente lieuës et qui fait la figure de la flèche [1].

Le costé du nord est affreux par une chaisne de rochers et de montagnes; cette chaisne commence vers la mer un peu au dessous de Quebec, continuë dans le costé de ce lac et se perd vers les Assiniboëls. Partie des gens des terres viennent s'y habituer pour y vivre de poissons; ils sçavent les limites des terres qu'ils y occupent, et souvent s'y font la guerre. Quand il doit faire mauvais tems on le connoit par les

---

[1] Kioucounan est encore appelé *Quioacounan*, *Quiouéounan*, *Keweenaw*, *Kecuaiwona*, etc. En 1666, le P. Allouez arriva à cette pointe de terre, et, suivant les traces du P. Ménard, il traversa plus heureusement que lui le portage de Kioucounan et se rendit à la pointe Chagouamigon, où il y avait deux bourgs, l'un habité par les Pétuneux, l'autre par les Algonquins. Il éleva une chapelle entre les deux bourgs. Le poste de Chagouamigon reçut le nom de *Mission du Saint-Esprit*. (Voir la note de la XLVIIe lettre.) De là, son zèle s'étendit aux peuplades sauvages répandues au sud et à l'ouest du lac Supérieur; il s'avança jusqu'au lac Alimibegong, où s'étaient retirés les Nipissings.

houlles de ce lac, ce qui donne lieu aux voyageurs de se retirer et mettre à terre dans les anses dont il est remply.

Le costé du sud est bien different, il y a sur les bords des sables sur lesquels l'eau enfle quelquefois de 12 à dix huit pieds lorsqu'il vente ; ensuite les terres y sont bonnes ; les Outavois y étoient autrefois établis et y semoient quantité de bled d'Inde ; mais ils ont été obligés d'abandonner à cause de la guerre qu'ils avoient avec les Scioux ; les bois y sont beaux et de toute sorte, et il y a outre les bestes qui se trouvent au nord, du cerf et du chevreüil en quantité et même dans certaines années des bœufs ilinois.

Il est presque certain qu'il y a des mines de cuivre sur les bords de ce lac et dans les isles qui sont dedans ; on trouve sur le sable des morceaux de ce metal, et les sauvages en font des dagues dont ils se servent ; le vert de gris decoule par les crevasses et les fentes des rochers qui sont sur ces bords et sur ceux des rivieres qui y tombent ; on pretend qu'il y en a une dans l'isle de Minoueq et les ilets, qui est entierement de ce metal.

On trouve parmy le cailloutage de ce lac des morceaux d'un verre d'une belle couleur qui s'ecrase aisement.

Je suis, M[r], etc.

LETTRE XLIX°

D'UNE AUTRE MINE DE CUIVRE QUI SE TROUVE
DANS LE LAC SUPERIEUR

A Quebec, le   1710.

Mr,

La mine dont je viens de vous parler dans ma derniere lettre n'est pas la seule qui soit dans le lac Superieur ; on en croit une très abondante dans une isle qui est au nord vis à vis la riviere de Michipikoton à huit ou dix lieuës au large. Peu de sauvages y ont été à cause des brumes et des tonnerres qui y sont frequents. Ils disent qu'il y a des loups cerviers et des lievres d'une grandeur prodigieuse.

Quatre sauvages y furent une fois poussés par un gros vent et obligés d'y debarquer. Voulant se preparer à manger, ils firent rougir des pierres pour mettre dans leurs ouragans au plat d'ecorce, afin de faire cuire leur poisson ; parmy ces pierres ils en trouverent qui étoient très pesantes, et qui ressembloient à du metal ; cela ne les empecha pas de s'en servir ; après avoir mangé ils se rembarquerent et emporterent avec eux de ces pierres dont il y en avoit en plaque ; le vert de gris dont elles étoient pleines ne tarda pas à faire connoitre la malignité de son poison, car peu après être arrivés à leur cabane trois en moururent et le quatrieme qui conta ce qui leur étoit arrivé mourut aussy, bientost après ; c'est ce qui a donné une telle terreur aux autres sauvages qu'ils n'ont osé y retourner. Les uns disent que c'est la demeure du tonnerre parce qu'il y tonne souvent ; d'autres croient que cette isle est flottante à cause que les vapeurs et les brumes dont elle est chargée tantost plus et tantost moins, selon que le soleil les rarefie ou les epaissit, la font paroître plus proche ou plus éloignée.

Ces brumes n'empechent pas cependant qu'on ne la distingue d'une autre isle qui est entre elle et la terre ferme ; ils s'imaginent tous que c'est le sejour d'un mauvais esprit qu'ils appellent Michibichy, et disent avoir veu autour des poissons qui ont la figure d'homme et qu'ils appellent Megouissiouiou, si bien que quand ils passent dans cet endroit et même dans d'autres où ils savent des mines, ils haranguent ce Michibichy et ces monstres qu'ils croient apparemment être commis à leur garde, afin qu'ils ne les fassent pas perir en passant, et jettent du tabac dans l'eau pour qu'ils fument.

Tous les sauvages croient que s'ils montroient une mine à une autre personne, ils mourroient dans l'année ; ils en sont si persuadés qu'il est quasi impossible de les leur faire decouvrir, et c'est ce qui fait qu'on ne decouvre que celles dont ils ne peuvent absolument cacher la connoissance.

Je suis, M^r, etc.

LETTRE L^e

DES SAUVAGES DE LA SAPINIERE ET DES ASSINIBOALS

A Quebec, le   1710.

Mr,

Plus avant dans le nord du lac Superieur en tirant vers celuy d'Allimipegon, il y a des sauvages qu'on nomme sauvages de la Sapiniere qui descendent l'été à Caministigojan, en traite sur ce premier lac, et sont des gens errans et compris dans ceux du Nord. Les Assiniboals viendroient facilement commercer sur les bords de ce lac, s'ils n'avoient pas la guerre avec les Cristinaux ; ces sauvages sont nombreux et quelques François ont penetré dans leur pays ; ils assurent qu'à huit journées de chez eux il y a une grande riviere qui sort du lac qui porte leur nom, laquelle va et vient tous les jours ; c'est ainsy qu'ils expliquent le flux et le reflux, qu'ils ont veu plusieurs fois de grands canots à la voile dessus, ce sont des navires, mais que les peuples qui sont dans ces grands canots ne traittent point avec eux et les tuent quand ils les peuvent attraper, que cependant ils sont faits comme nous.

Ces sauvages ont apparemment penetré jusqu'à la mer de l'oüest, et il y a apparence que les peuples dont ils parlent sont les Espagnols ; on auroit decouvert cette mer si ceux qui ont eu ce dessein n'avoient pas été arrestés en chemin par le profit qu'ils trouvoient dans le commerce du castor; outre qu'un particulier seul ne peut faire cette entreprise, elle seroit cependant aisée et on pourroit la faire en passant chez les Scioux, ou chez les Assiniboëls, ou par le Missoury qui est une grande riviere qui va toujours à l'oüest; il est certain, suivant le rapport de tous les sauvages, qu'on penetreroit chez des peuples policez comme nous ou même dans la Chine comme quelques-uns le prétendent.

Je suis, M^r, ètc.

LETTRE LIe

DES SAUVAGES SCIOUX

A Quebec, le 1710.

Mr,

Les sauvages Scioux[1] habitent sur les bords du fleuve du Mississipy au dessus du Sault de Saint-

---

[1] En 1661, le P. Mesnard avait accompagné les Outaouais au lac Supérieur. Il fut assassiné dans cette expédition, le 10 avril de la même année, et l'on trouva chez les Sioux sa soutane et son bréviaire, conservés par ces barbares comme de précieuses amulettes. Le P. Claude Allouez lui succéda dans cette mission lointaine, et fonda la mission du *Saint-Esprit* (1667). C'est là que les Scioux ou Sioux se rendirent et furent pour la première fois en contact avec le missionnaire. Mais le P. d'Ablon, qui ignorait leur langue, ne put traiter

Antoine, aux environs du lac Superieur et même plus au nord. Ces peuples sont très nombreux et errans ; ils composent suivant quelques uns 17 villages et selon d'autres onze ; on en connoist que trois qui sont les Tintous, les Songasquetous, et les Oudebastous ; ils vivent de chasse et de folles avoines ; leur langue n'a aucune ressemblance avec celle des autres sauvages, elle tient des prononciations chinoises.

Ces sauvages ont quelque idée des Espagnols ; ils ont la guerre avec toutes les nations des lacs ; ils sont bons coureurs, adroits à la decouverte, braves, aguerris et très obeissants à leurs chefs ; les autres sauvages disent que ce sont des hommes, c'est la plus grande

avec eux que par interprètes. Les jésuites « ont tenté de faire un établissement parmi eux, dit Charlevoix (t. v, p. 269), et j'en ai connu un qui regrettait fort de n'y avoir pas réussi, ou plutôt de n'avoir pas pu demeurer plus longtemps avec ce peuple, qui lui paraissait docile ». Ce Père est assurément le P. Guignas, qui avait été s'établir chez les Sioux, en 1727, avec M. Boucher de Montbrun, et qui en revint en 1728, comme on le voit dans la *Relation des aventures de M. de Boucherville à son retour des Scioux, en 1728 et 1729* (Bibl. canad., par M. Bitaud). Le P. de Gonnor remplaça le P. Guignas, et, quand M. de la Véranderie se chargea d'explorer la partie occidentale de la Nouvelle-France jusqu'à l'océan Pacifique, il alla rejoindre à Michillimakinac cet explorateur, et lui conseilla de faire son expédition par le pays des Christinaux et des Assiniboels et non par celui des Sioux. (*Relation* d'une grande rivière qui a flux et reflux, présentée par le P. de Gonnor, jésuite, missionnaire des Sioux, 3 novembre 1728 ; *Esquisse de l'histoire des colonies françaises ; les Varenne de la Verenderye*, par Pierre Margry.) En 1736, le P. Pierre Aulneau accompagnait un des fils de M. de la Véranderie, qui allait rejoindre son père. Ils furent l'un et l'autre massacrés par les Sioux au Lac-des-Bois. Des Canadiens trouvèrent leurs restes quelques jours après ; le missionnaire avait un genou en terre, une flèche dans la tête, la main gauche baissée contre terre, la droite élevée vers le ciel. (*Notice historique* sur la compagnie de Jésus au Canada ; Montréal, 1889.)

loüange qu'ils se puissent donner les uns aux autres ; cela veut dire qu'on est très brave et qu'on sçait mourir avec fermeté ; ces sauvages aussy ne craignent point la mort, ils sçavent se la donner d'abord qu'ils ne voyent point d'apparence de pouvoir se sauver des mains de leurs ennemis, ce qui fait qu'on n'en prend jamais en vie. Mais s'ils sont cruels à eux mêmes, ils ne le sont point aux autres ; ils renvoient ordinairement les prisonniers qu'ils font, dans l'esperance d'avoir la paix et ce n'est qu'après une grande perte de leurs gens et estre las de renvoyer des prisonniers qui ne produisent point l'effet qu'ils esperaient, qu'ils en font brusler, ils ne les font point souffrir et pour faire finir leurs peines plustost ils les envelopent dans un canot d'ecorce où ils mettent le feu.

Ces sauvages ne voient point d'étrangers de leurs amis qu'ils ne leur racontent leurs morts, qu'ils ne les pleurent et ne fassent des danses à leur honneur.

C'est de leur pays qu'on tire les pierres rouges à calumet. La chasse y est bonne et abondante par la quantité d'animaux qui y sont ; ils en vivent et de folles avoines qu'ils cüeillent dans les marais qui sont autour d'eux.

Ces marais rendent leur pays quasi inaccessible à leurs ennemis qui ne laissent pas cependant d'y penetrer ; ce qui fait qu'ils sont toujours sur la deffiance et qu'ils dorment avec une dague à chaque main et l'arc et la fleche sous leur teste.

Ils sont à cause du peu de commerce qu'ils ont avec nous, sans aucune instruction du christianisme ; ils ont mille superstitions, les uns adorent le soleil, les

autres la lune et les étoiles et font quantité de sacrifices pour se rendre leur divinité favorable.

Je ne crois pas qu'il y ait des femmes au monde
plus miserables et traittées plus indignement que celles
de ces sauvages. Elles n'entrent dans la cabane de
leur mary que pour la nettoyer, l'accomoder et pour
servir ; elles restent dans une petite séparation qui est
à l'entrée avec les chiens ; quand elles sont en voyage,
ces sauvages les chargent comme des mulets, ne les
regardant proprement que comme leurs esclaves.

Leurs cabanes ne sont point couvertes d'ecorce
comme celles des autres nations, elles le sont de peaux
de chevreüil.

Je suis, M[r], etc.

LETTRE LIIe

DU POSTE DE MICHILLIMAKINA ET DES OUTAVOIS

A Quebec, le   1710.

Mr,

Les Outavois[1] habitent au poste de Michillimakina[2]
si renommé par sa situation. Il est à 30 lieuës du

---

[1] On écrit encore *Outaouais, Outaouacs.*

[2] Cette *Relation* écrit *Michilmakina* et *Michilimakina*. Ailleurs, on
lit : *Michillimakinac, Missilimakinac,* etc. C'est à Michillimakinac
que résida le supérieur des missions de l'Ouest, connues sous le nom

Saut de Sainte-Marie dont je vous ay parlé et à 45 degrés 22 minutes. C'est une langue de terre qui s'étend très loin dans les derrieres à l'oüest. Une isle qui est vis à vis luy a donné son nom de Michillima-kina, qui signifie la tortuë, pour ce qu'il semble qu'elle a la figure de cet animal qui y est très commun.

Ces Outavois habitoient autrefois à Chagouamigon qui est à 46 degrés 20 minutes sur les bords du lac Supérieur. L'isle dont je viens de vous parler a été la residence d'un de leurs dieux nommé *Michabou*, l'endroit où il prit naissance et où il apprit à pêcher à ses peuples qui furent, disent-ils, formés de l'écume du lac, qui produisit des hommes et des femmes par l'ardeur du soleil, comme le vulgaire ignorant s'ima-

de *missions outaouaises*. La mission de Michillimakinac fut fondée par le P. Marquette en 1671, et reçut le nom de *Saint-Ignace*. Lorsque Jolliet se rendit à cette mission en 1672, elle était « sise non pas dans l'île de ce nom, mais sur le côté Nord, à l'opposite ». Le poste était à l'entrée du « goulot » qui relie le lac Huron au lac Michigan (*Relation des jésuites*, année 1671). Michillimakinac fut longtemps (1672-1702) le centre des missions outaouaises, un centre commercial et un poste militaire. C'était un gros bourg, formant comme trois villages : celui des Français, celui des Hurons et celui des Outaouais. De 1701 à 1704, la plupart des sauvages quittèrent ce poste et se transportèrent, les uns à Saint-Joseph des Illinois, les autres au Détroit, nouveau poste militaire, qui s'appela Pontchartrain. Dans son *Journal historique*, lettre du 8 juin 1721, de Pontchartrain du Détroit, Charlevoix écrit : « Michillinac est bien déchu, depuis que M. de la Motte-Cadillac a attiré au Détroit la meilleure partie des sauvages qui y étaient établis, et surtout les Hurons... On y a conservé le fort et la maison des missionnaires, qui n'y sont pas présentement fort occupés, n'ayant jamais trouvé beaucoup de docilité parmi les Outaouais ; mais la cour juge leur présence nécessaire dans un lieu, où il faut souvent traiter avec nos alliés et exercer leur ministère auprès des Français, qui s'y rendent en grand nombre. »

gine que l'eau croupie produit des grenouilles et des serpens.

Ce poste est très avantageux par sa situation; il est bordé au sud du lac Michigan et à l'est du lac Huron, qui ne sont séparés l'un de l'autre que par une décharge du premier dans ce dernier d'environ deux lieuës de long sur autant de large; en sortant de Michillimakina on les voit tous deux. Je vous ay fait la description du dernier dans une de mes lettres. Le premier qui s'appelle Michigan ou lac des Ilinois a près de 200 lieües de long; ses bords sont sabloneux et couverts de toutes sortes de bois franc et d'un arbre qui s'appelle cottonier; il vient en pyramide et porte une espèce de pommes dans lesquelles il se trouve une sorte de cotton qui n'est d'aucun usage. Il tombe dans ce lac beaucoup de petites rivieres surtout du côté de l'est; on y trouve une montagne que les sauvages appellent l'ours qui dort, à cause qu'elle en a la figure; ils disent qu'après le déluge le canot qui sauvoit leurs pères vint s'y echoüer et s'y arrêta.

L'abondance pour la vie est à ce poste, tant par rapport au bled d'Inde qui y vient fort bien qu'au poisson blanc dont la pêche est fertile; c'est là aussy où tous les canots qui vont commercer dans les bois avec les sauvages se rendent d'abord; ils y trouvent souvent à y faire leur traite tant avec les Outavois qu'avec d'autres nations qui y viennent pour avoir des marchandises, et quand ils ne trouvent pas à la faire dans cet endroit ils en partent pour aller chez d'autres peuples.

Les Outavois qui y habitent sont quatre nations

rassemblées ensemble sçavoir les Kiskakous, Sinagaux, Keinouchés, et Nassaouakouetous; comme ils habitaient autrefois le nord, ils ont les mêmes coutumes des autres sauvages, ils se parent le nez et y pendent une pierre bleüe ou de la rassade, et c'est un de leurs plus grands ornemens.

Ils mettent leurs morts sur un échaffaut elevé de terre de 7 à 8 pieds, ils les habillent et les entourent d'écorces, mettent à côté d'eux leurs chaudieres, bled d'Inde, fusil, tabac et les laissent en cet état jusques à ce que leur chair se soit consommée entièrement; en ce tems ils grattent leurs os et les conservent.

Comme il y a toujours des François parmy ces sauvages, ils sont devenus plus honnestes dans leurs conversations et plus dociles dans leurs mœurs; ils ont toujours un missionnaire.

Ces sauvages sont braves, les Iroquois les craignent et ils peuvent faire tous rassemblés 500 guerriers.

Il y en a partie qui se sont établis au fort Pontchartrain du détroit de même que tous les Hurons qui demeuroient à Michillimakina avec eux; les coutumes de ces derniers sont differentes de celles des sauvages dont je vous ay parlé jusqu'à présent et quoyqu'ils fussent si proches de l'Outavois et quasi sous leur domination, ils ne les ont point changées.

Je suis, Mr, etc.

LETTRE LIIIe

DES NOQUETS, DES MALOMINES, DES POUTÉOUATAMIS
ET DES SAKIS

A Quebec, le   1710.

Mr,

Les Noquets qui sont au plus 30 ou 40 guerriers habitent tantost les bords du lac Michigan et tantost ceux du lac Supérieur, par la facilité qu'il y a de passer la langue de terre qui separe ces deux lacs et qui n'a pas plus de 12 à 15 lieües.

Les Malomines ou Folles avoines habitent dans une rivière qui porte leur nom, qui tombe dans le lac Michigan ; ils peuvent faire le nombre de 50 guerriers au plus et vivent comme les Noquets de chasse et de pêche.

Les Poutéoüatamis font village dans les isles, appellées autrefois huronnes, qui sont dans le lac dont je viens de vous parler, proche la baye des Puants ; ils y sement beaucoup de bled d'Inde et en fournissent dans le besoin à Michillimakina ; ils peuvent faire 80 à 100 guerriers.

Ces trois nations ont les mêmes coutumes que les gens du Nord.

Les Sakis habitent à 43 degrés 33 minutes dans la baye des Puants, il y a peu de neige à cet endroit.

Ils y sement du bled d'Inde et y sont sedentaires ;

leur village ne peut faire que 50 à 60 guerriers; ils prennent les canards avec des filets qu'ils tendent à plat sur l'eau; on doit bien prendre garde à ses marchandises quand on va commercer avec cette nation qui a une grande inclination au vol et n'en manque point l'occasion, quand elle peut la trouver.

Ces sauvages ont partie des coutumes des gens du Nord et partie de celles des gens des prairies.

Je suis, M^r, etc.

———

LETTRE LIVe

DES PUANTS, DES OUTAGAMIS, DES MASCOUTINS
ET DES KICAPOUS

A Quebec, le   ·   1710.

Mr,

Je vous ay déjà parlé de deux sortes de sauvages, les errants et les sedentaires. Ceux dont je vais vous parler sont ceux des prairies, lesquels ont des coutumes differentes des autres et qui leur sont particulieres : Je remets cependant à le faire quand je vous écriray sur les Ilinois qui sont les plus nombreux de ces sauvages.

On trouve au dessus des Sakis dans la rivière qui forme la baye des Puants les sauvages de ce nom qui peuvent être 30 ou 40 guerriers, ils y sont sedentaires.

A quelques lieuës d'eux habitent les Outagamis ou
Renards qui peuvent mettre environ 400 hommes sur
pied; ils surpassent les Poutéouatamis et les Sakis
pour le vol; ils ne se contentent pas d'employer leurs
mains pour derober, ils se servent aussy de leurs pieds;
et il faut être bien vigilant et attentif a garder ce que
l'on a pour ne rien perdre quand on en est avec ces
peuples.

Les Outagamis aussy bien que les Sakis sont si
sauvages que les autres ne les peuvent souffrir; mais
comme ils sont nombreux, faisant près de 500 guerriers, ils sont craints et on leur laisse faire la guerre
aux Scioux.

A côté de ces Renards on trouve les Mascoutins ou
Nation du feu auxquels se joignent les Kicapous; ces
deux nations sont sedentaires et peuvent faire 150 guerriers [1].

Ces Kicapous sont presque tous estropiez de blessures, et pleins de cicatrices étant toujours en guerre.
On ne peut traiter autrement les trois dernières nations
dont je viens de vous parler qu'en disant que ce sont
des diables sur terre; ils n'ont rien d'humain que la
figure; ils sont toujours nuds et l'on peut dire d'eux
qu'ils ont toutes les mauvaises qualités des autres
nations, sans en avoir une bonne.

Le lieu où ils sont est commode pour la vie, et

---

[1] Les sauvages dont il est parlé dans cette lettre et dans la lettre
précédente, étaient évangélisés par les missionnaires établis à Saint-
François-Xavier, à la baie des Puants. Le P. Allouez fonda cette
mission en 1670, et fut remplacé par les PP. Druillettes et André
(*Relations* des jésuites, année 1670).

semble les avoir rendus plus féroces et plus insolens ;
quoy qu'ils sement du bled, ils ne laissent pas de vivre
souvent de glands et de fèves.

Je suis, M*r*, etc.

LETTRE LV*e*

DES SAUVAGES MIAMIS ET ILINOIS

A Quebec, le   1710.

M*r*,

Les sauvages Miamis, s'ils étoient tous rassemblés,
feroient plus de 800 guerriers compris sous le nom
d'Ougatanous, *Mingkakoia, Peaugichia, Chacha-
kingoya, Kiratica, Pepepikoia* [1]. Les premiers habitent
à la rivière Saint-Joseph dans le lac Michigan [2], les
seconds à Chicagou qui est à l'entrée de la riviere des
Ilinois par le Michigan ; les troisièmes à la rivière de
Malamée ou de la Barbuë [3] qui tombe dans le fleuve
du Mississipy, et les trois autres habitent partie sur les
bords du Mississipy et partie à la riviere Ouabache.

[1] Les noms propres en italiques sont reproduits tels qu'ils se trouvent dans le manuscrit.

[2] C'est là que se trouvait la mission de *Saint-Joseph*, fondée du
temps du P. Allouez, qui évangélisa les Miamis de cette rivière
et ceux de Chicagou (*Relation* de 1671).

[3] Dans le cinquième volume de l'*Histoire de la Nouvelle-France*,
par le P. de Charlevoix, la *Carte des lacs du Canada* signale aussi
une rivière à la Barbue qui se jette à l'est dans le lac Michigan.

Il y a proche de la riviere Malamée une mine de plomb très abondante; quelques François ont appris à ces sauvages à le fondre et même leur ont fourny des moules, ce qui fait qu'on n'en commerce plus avec eux et qu'ils en font le commerce avec les autres nations.

On trouve au bout de ce lac Michigan la riviere des Ilinois. Les sauvages de ce nom sont divisés en huit nations dont six, qui sont les Péourias, Caskakias, Mouingouenas, Kouerakintenos, Marouas, et Rapaouas, habitent les bords du lac que forme la riviere Pimitéouy, et les deux autres qui sont les Caoukias et les Tamarouas font village à huit lieuës au dela de l'embouchure de cette riviere dans le Mississipy; ils feroient s'ils étoient tous rassemblés 1500 guerriers.

Ces deux sortes de sauvages ont des missionnaires[1]

---

[1] Après la découverte du Mississipi, le P. Marquette avait fondé la mission des Illinois sur la rivière de ce nom et l'avait appelée mission de la *Conception*. Le P. Allouez le remplaça en 1677. En 1710, les six premières nations et celle des Caoukias étaient évangelisées par les PP. Gabriel Marest, Jean Mermet, Louis-Marie de Ville et Pierre Cholenec. Quant à la mission des Tamarouas (Tamarois), une des plus florissantes missions fondées par les jésuites sur les bords du Mississipi, on sait qu'elle fut enlevée contre toute justice à ces religieux par Mgr de Saint-Vallier et attribuée aux prêtres du séminaire de Québec, qui la désiraient; ils en prirent possession en 1699. M. l'abbé Gosselin écrit dans *Mgr de Saint-Vallier et son temps*, p. 122 : « Le séminaire de Québec avait la mission des Tamarois; les récollets, les jésuites et les capucins exerçaient leur zèle au Détroit, dans les différents postes de l'Ouest, à la Louisiane. » Et, à propos de la Louisiane, il dit (*note 1*) : « On doit *supposer*, bien qu'il (le Père de Rochemonteix) n'en fasse nullement mention (dans l'histoire : *Les jésuites et la Nouvelle-France*), que la chose ne s'était pas faite (l'établissement des jésuites à Biloxi et à la Mobile) à l'*insu de l'ordinaire*, ou que du moins, une fois arrivés dans cette partie du dio-

et ne se servent point de canots d'ecorce de bouleau
de même que les autres sauvages des prairies dont je
vous ay parlé. Ils ont presque tous les mêmes coutumes.
Je vais vous en parler dans mes lettres suivantes, sur
tout de celles des deux dernieres nations qui sont les
plus nombreuses. Je vous parleray aussy de la beauté
du climat et de la terre que les Ilinois hábitent ; celuy
des Miamis est presque la même chose, cependant il
n'est ny si beau ny si abondant en chasse.

Je suis, Mr, etc.

cèse de Mᵍʳ de Saint-Vallier, ils s'étaient assurés de son agrément
et *mis en règle avec lui.* » Plus haut, p. 17, M. Gosselin avait accusé
le P. de Rochemonteix de *naïveté*, pour avoir dit que les *Relations*
« ne réflètent pas la *physionomie entière* de la Nouvelle-France ».
Cet historien a parfois des insinuations et des réflexions étonnantes.
Oui, l'auteur de : *Les jésuites et la Nouvelle-France* a la naïveté de
croire que les *Relations*, les *Lettres édifiantes*, les *Annales de la Pro-
pagation de la foi* ne disent pas tout, qu'elles ne peuvent ni ne doivent
tout dire ; elles racontent ce qui peut instruire et édifier. Et sur ce
point, les missionnaires partagent assurément sa naïveté. Il a aussi
la naïveté de croire que les généraux, les provinciaux et les supérieurs
locaux, de quelque ordre qu'ils soient, n'envoient jamais leurs inférieurs évangéliser en pays étrangers sans les munir ou faire munir
des pouvoirs nécessaires ; il a la naïveté de croire que les inférieurs,
même en leur supposant une dose très minime de théologie, ne vont
pas travailler au loin sans s'être *mis en règle avec* l'ordinaire. Tout
cela est élémentaire. Il a même la naïveté de croire que les hommes
sérieux et un peu au courant des choses des missions l'auraient trouvé
par trop simple de *mentionner* que les missionnaires de la Louisiane
avaient bien de qui de droit les pouvoirs exigés. On connaît ce médecin qui, ne voyant pas l'âme au bout de son scalpel, niait son exis-
tence ou en doutait. Certains historiens ressemblent assez à ce docteur,
esprit fort. Je dirai cependant à l'historien de Mᵍʳ de Saint-Vallier
que nos archives et autres ont conservé, et sur le Canada et sur la
Louisiane et sur les Antilles, de quoi tranquilliser son esprit inquiet.

LETTRE LVIe

DU PAYS QUE LES ILINOIS HABITENT, DES ARBRES QUI
Y SONT, ET DES LÉGUMES QUI S'Y CULTIVENT

A Quebec, le   1710.

Mr,

Le pays que les sauvages Ilinois habitent est sans
contredit le plus beau dont on ait connoissance depuis
l'embouchure du fleuve Saint-Laurent jusqu'à celuy
du Mississipy ; il y a très peu de neige et le plus longtemps qu'elle reste sur la terre de suite, c'est quatre
à cinq jours, il n'y fait presque point froid, aussy ce
pays-la est-il à 40 degrés 20 minutes.

La terre y est presque toute plate et unie, on y
trouve point de montagne, il y a seulement quelques
coteaux qui sont couverts de bois, ce ne sont que
prairies à perte de veuë semées d'espace en espace de
petits bouquets de bois, de vergers et d'avenuës
d'arbres qu'il semble que la nature ait pris plaisir
à faire naître en ligne droite et également distants les
uns des autres.

Ces bois sont pleins de maronniers d'Inde, acacias,
chesnes, fresnes, bois blanc, hetres, cotoniers,
erables, noyers, neffliers, meuriers, chataigniers et
pruniers. Tous ces arbres sont presque entourés de
vignes qui produisent un raisin qui paroit fort beau

et qui a de gros grains, mais il n'est point agréable au goust.

Le noyer rapporte une noix faite en olive qui est deux fois plus grosse que ce fruit, l'amande qui est dedans est d'une grande délicatesse et se trouve separée egalement en deux par un zeste qui est fort amer.

Le nefflier et le meurier rapportent des fruits aussy bons qu'en France, de même que le chataignier, mais son fruit est plus petit.

Les prunes sont d'une beauté pareille à celles de France; il y en a de plusieurs sortes, mais elles ont la peau très épaisse, ne quittent jamais le noyau et n'ont point le goust agréable que des prunes doivent avoir.

On y trouve plusieurs sortes d'arbres qui nous sont inconnus. Il y en a un qui ne vient pas fort haut dont le tour est gros comme la jambe et qui rapporte un fruit que les sauvages appellent *assemnia (sic)*, et auxquels les François ont donné un nom qui convient à sa figure qui est celle d'un moyen concombre. Ce fruit est fort bon et a cinq ou six pepins gros comme des feves de marais et de leurs couleurs. Il y a aussy des arbres qui portent de grosses gousses où se trouvent des noyaux noirs et une espèce d'onguent vert dont les sauvages ne connoissent point l'usage; on trouve un autre arbre dont les branches sont remplies d'epines longues comme les doigts et qui rapportent des gousses pleines de petites feves qui ressemblent au caffé, et quelque chose de gommeux qui est sucré et dont on dit que les Anglois se servent pour mettre dans la bouche.

Le liard est aussy un arbre de ce pays, il vient fort haut et fort gros et sert à ces sauvages pour faire de grandes pirogues pour naviguer sur leurs rivieres et sur leurs lacs.

C'etoit autrefois un travail infiny pour eux que de faire de ces pirogues, n'ayant point l'usage du fer ; il falloit mettre le feu au pied d'un arbre pour l'abattre et le gratter avec leurs haches de pierre pour en ôter le charbon qui restoit dessus afin que le feu se communiquât jusqu'au milieu ; après qu'il étoit abattu, ils le coupoient de la même maniere de la longueur qu'ils le vouloient et le creusoient aussy avec le feu.

Les vergers sont remplis de pommiers, le fruit en est acre et pas plus gros que l'apy.

Ce pays produit quantité de racines et des especes d'oignons dont ces sauvages mangent beaucoup, il y a quantité de simples dont ils ont connoissance et dont ils se servent pour guerir leurs blessures. Le bled d'Inde, les feves, les citrouilles et les melons d'eau y viennent en grande abondance.

Je suis, M^r, etc.

LETTRE LVIIe

DES ANIMAUX, DU GIBIER DE TERRE ET DE RIVIERE ET DES POISSONS QUI SE TROUVENT DANS LE PAYS DES ILINOIS

Mr,

Comme le pays des Ilinois est presque tout remply d'arbres fruitiers, les plaines couvertes de foin, les fonds des lacs des rivieres et leurs bords pleins d'herbes et de racines et que le climat y est fort beau, il y a quantité d'animaux et de gibier et de poissons. Les animaux sont les cerfs, chevreüils, ours, loups cerviers, castors, loutres, rats musqués, bœufs, les grandes queuës et les rats de bois.

Le bœuf est d'une grosseur extraordinaire ; il a une bosse d'environ huit pouces de haut qui luy prend depuis les épaules jusqu'à la moitié du dos; la teste est couverte de crin, en sorte qu'on ne luy voit presque pas les yeux. Cet animal est affreux à voir; il a le poil ras en été, mais depuis le mois de septembre jusqu'au mois de juin, il est couvert de laine brune très fine que l'on fille facilement, sa chair est fort bonne à manger.

Les grandes queuës sont ainsy appellés par ces sauvages à cause de leur queue qui est longue d'environ deux pieds. Ces animaux ont la teste comme celle d'un chat, le corps d'environ trois pieds de long, le ventre long, efflanqué, hauts sur jambes, et le poil roussâtre et fort ras; il n'y a point de bestes qu'ils n'attrapent à la course, et s'ils étoient aussy communs que les loups, on ne verroit point dans ce pays là de chevreüils parce que c'est de cet animal que ceux cy font leur nourriture.

Le rat des bois est de la grosseur de nos chats; son poil est blanc tirant un peu sur le roux, long et fin comme celuy des martes; les sauvages s'en servent pour faire des jarretieres; il a la queüe longue comme le doigt couverte d'une peau noire comme celle du rat musqué; la femelle de cet animal a deux peaux sous le ventre qui font le même effet qu'un justaucorps qui est boutonné par en haut et par en bas, et ouvert par le milieu, cela forme une espece de sac dans lequel elle porte quand ils sont jeunes jusqu'à huit petits qu'elle fait; au moindre de ses crys ils s'y rassemblent et elle les emporte avec elle.

Il y a beaucoup de gibier de terre comme lievres, perdreaux, tourtes, cailles, d'Indes sauvages et un certain oiseau qui ressemble au faisant.

Les marais sont pleins de toutes sortes de gibier de riviere, outardes, canards françois et branchus, sarcèles, grives blanches et grises, cignes et plusieurs autres. Ce gibier est en si grande quantité que quand il est obligé de quitter les marais à cause de la secheresse, ce qui arrive dans de certains tems, le lac et la riviere sur lesquels les sauvages sont établis s'en trouvent couverts de telle sorte qu'un canot ne pourroit y passer sans se ranger avec ses avirons.

On pesche dans ce lac et dans cette riviere des

carpes meilleures que celles de la Seyne et des bar-
buës d'une grosseur monstrueuse…; il y a de toute
sorte d'autres poissons en abondance.

On trouve dans les prairies beaucoup de serpens
à sonnettes. Ce nom leur a esté donné parce qu'ils ont
des espèces de grelots au bout de leurs queuës avec
lesquels ils font du bruit quand ils rampent; on estime
que c'est la vipere de ce continent, sa morsure est
très dangereuse, et si l'on n'est promptement secouru
par ces sauvages qui connoissent des simples qui en
guerissent, on perit bientost; on prétend que l'huile
qu'on tire de leur graisse est bonne pour guerir toutes
sortes de douleurs, et est si penetrante que si on la
verse sur la main elle passe au travers.

Je suis, Mr, etc.

———

LETTRE LVIIIe

DES ILINOIS ET MIAMIS ET DE LEUR INCLINATION
A LA SODOMIE

Mr,

Il ne se voit gueres de sauvages mieux faits que les
Ilinois, ils ne sont communément n'y grands n'y
petits, leur taille est bien proportionnée, et il y en a
entre eux qui l'ont si fine qu'on les enfermeroit entre
les deux mains. Ils ont la demarche fiere, le visage
plus beau que laid et aussy blanc que des sauvages

exposés toujours au grand air et aux injures du tems le peuvent avoir, ils ont aussy les yeux vifs et persants, les dens les mieux arangées et les plus blanches qu'on puisse voir, et courent mieux que peuples du monde, attrapant dans leur chasse tous les jours des cerfs à la course. Les Miamis ne sont pas communement si bien faits qu'eux, mais ces deux nations se ressemblent parfaitement par les qualités de l'esprit et du cœur; ils sont les uns et les autres vifs et avec cela fainéants, fiers, vains, se disent tous fils ou parens de chefs; ils sont entierement adonnés à leurs sens, se font tirer à quatre quand ils ont à faire à quelqu'un, et n'osent regarder en particulier ceux contre lesquels ils font les mechants en public; ils sont jaloux à l'excez, ingrats, dissimulés, parjures et se tuent souvent les uns et les autres pour un chevreüil.

Quand ils sont jeunes ils se font piquer depuis les épaules jusqu'aux talons, et si tost qu'ils ont atteint l'âge de vingt cinq ans, ils se font aussy piquer le devant de l'estomach, les côtés et le dessus des bras, si bien que ces sauvages se trouvent le corps entierement piqué.

Le péché contre nature regne encore plus chez ces sauvages que chez les Miamis; ils ont des garçons qu'ils elevent pour cet usage; ce n'est pas cependant faute de femmes, car il y en a grande quantité et ils en ont au moins trois ou quatre chacun. Cependant si tost qu'ils voient un garçon aimer la pioche, le fuseau et la hache et ne se point servir de fleches comme les autres, on leur donne un morceau de cuir ou d'étoffe qui les envelope depuis la ceinture jusqu'aux genoux, on leur laisse croitre les cheveux qu'on leur attache par derriere et on leur met une petite peau en bandolliere.

Ces garçons sont piqués aux jouës, au sein et sur les bras comme les femmes, et contrefont l'accent qui est different de celuy des hommes, et enfin n'oublient rien pour ressembler entierement à des femmes.

Je suis, Mʳ, etc.

LETTRE LIXe

DE LA JALOUSIE DES ILINOIS, DES FEMMES ILINOISES ET DE LEURS OCCUPATIONS

Mʳ,

Ces sauvages sont jaloux au dernier point et tous les jours ont occasion de l'être. Les femmes succombent facilement à la tentation et les jeunes gens sont si bien faits, si pressants et font tant de presents aux femmes pour les engager à les aymer qu'elles ne peuvent s'empecher d'accorder leurs faveurs ; mais quand leurs maris découvrent leur infidélité, les uns leur enlevent la chevelure comme à leurs ennemis, les mettent dans un cercle et les attachent à un baton qu'ils mettent au haut de leurs cabanes ; d'autres qui se croient plus raisonnables amassent une trentaine de jeunes gens et disent à leurs femmes : puisque tu aymes tant les hommes, je veux t'en faire festin, et la livre entre les mains de toute cette jeunesse. Ses cris sont inutiles, il faut qu'elles sucombent malgré elles à faire par force ce qu'elles ne veulent accorder que de bonne volonté; il se trouve des maris qui y sont toujours présens. Les Miamis ne sont pas toujours si rudes à leurs femmes; ils se contentent de leur couper le nez. Tous ces exemples qui devroient les faire trembler ne les corrigent en nulle façon, car elles n'en sont pas plus sages. Il s'en trouve parmy ces sauvages d'assés braves pour aller attaquer les galants de leurs femmes, et tâcher de leur donner quelque coup de fleches ou de couteau; quand celuy qui est blessé ne meurt point, la famille ne se venge pas, mais s'il meurt, malgré tous les presens que l'on peut faire, il faut que la famille se venge.

Parmy tous ces maris qui sont brutaux au dernier point, il s'en trouve cependant d'assés indulgents pour ne point marquer aucun ressentiment de l'affront que les femmes leur ont fait par leur infidélité; ils se contentent seulement de les chasser et d'en prendre d'autres, lesquelles souvent se trouvent moins fidelles que celles qu'ils ont renvoyées.

Ces sauvagesses sont assés propres, elles sont plus laides que belles, assés bien faites et blanches autant que des sauvagesses le peuvent estre.

Les plus belles parmy ces sauvagesses sont celles qui sont grandes et menuës.

Elles sont fort laborieuses surtout quand elles sont mariées; ce sont elles qui font tout l'ouvrage du menage, qui cultivent les champs, qui vont chercher le bois et l'eau pour la cabane, et qui ramassent des roseaux dans lesquels elles passent une petite corde faite de bois blanc pour faire des especes de paillassons qui couvrent leurs cabanes, et les mettent à couvert de la plus grande pluye.

Elles font outre ces choses des sacs de laine de bœuf qu'elles filent, des ouvrages de porc-epy et bien d'autres petits ouvrages.

Je suis, M^r, etc.

LETTRE LXe

DE LA PASSION QUE LES ILINOIS ONT POUR LE JEU, ET DES CABANES OU SE RETIRENT LES FEMMES POUR ACCOU-CHER OU QUAND ELLES ONT AUSSY BIEN QUE LES FILLES L'INCOMMODITÉ A LAQUELLE ELLES SONT SUJETTES

M^r,

Pendant que les femmes travaillent depuis le matin jusqu'au soir, les hommes sont sous des echafaux que ces femmes font devant les cabanes et qu'elles couvrent de feuillage pour empêcher que l'ardeur du soleil n'y penetre ; et là nüs, comme des chiens assis sur des nattes, ils jouent au jeu de pailles ; celuy de la crosse est aussy en usage parmy eux. Ils les ayment tous, car le jeu est une de leurs passions dominantes ; et il y en a qui après avoir tout perdu joüent leurs sœurs ; ils y sont fort supersticieux comme en tout ;

quand leurs femmes sont grosses, et qu'ils perdent au jeu, ils les accusent de leur porter malheur.

Ces femmes n'accouchent point dans la cabane de leurs marys et n'y demeurent point aussy bien que les filles quand elles sont incommodées. Ce qui fait que vis à vis de chaque cabane ils en construisent une autre pour tenir deux personnes etroitement; c'est dans cet endroit où elles se retirent, elles y ont une chaudiere, une cuilliere et un plat dont elles seules se servent, ou celles qui sont dans le même état qu'elles; quand elles ont besoin de quelquechose, elles appellent et on leur apporte.

Quand une fille a la premiere fois cette incommodité, elle va se faire une cabane dans un lieu ecarté du village; tous ses parens luy conseillent de ne manger ny boire tant qu'elle sera en cet état, luy disant qu'elle verra le diable, et que quand une fois elle l'aura veu, elle sera toujours heureuse, et aura le don de pouvoir beaucoup de choses pour l'avenir. Elle donne volontiers dans ces discours qui luy sont souvent repetés si bien qu'elle ne sort pas de cette cabane, sans qu'elle s'imagine avoir veu le diable, et qu'elle luy a parlé; elle s'en fait même un mérite; son imagination vuide et la foiblesse de son cerveau luy font voir des choses qu'elle n'a jamais veu, car il y en a parmy ces filles d'assés sottes pour y jeuner tout le tems.

Je suis, Mr, etc.

LETTRE LXIe

D'UNE FILLE ILINOISE QUI A ÉTÉ SIX JOURS SANS MANGER, ET DES COUCHES DES FEMMES DE CETTE NATION

M^r,

Les filles ilinoises ont si fort envie de voir le diable qu'il y en a qui jeunent comme je vous ay marqué, tout le tems qu'elles sont dans cette retraite ; une y fut six jours sans boire ny manger, si bien que n'ayant plus la force de se soutenir, on fut obligé, après l'avoir bien lavée, de l'emporter à sa cabane ; elle fit accroire à son père et à tous ses parens qu'elle avoit veu un bœuf, qui luy avoit parlé, et qu'il l'avoit assuré que ses frères qui étoient en party contre les Iroquois feroient coup sans perdre de monde. La chose arriva en partie comme elle l'avoit dit, ces frères firent coup, mais il y en eut un de tué ; quoyqu'elle n'eut pas rencontré juste, les jongleurs dirent qu'elle avoit bien prédit, mais que comme elle n'avoit pas apparemment jeuné tout le tems qu'il falloit, le diable luy avoit menty dans une partie de ce qu'il luy avoit dit, comme elle avoit manqué dans une partie de ce qu'elle devait faire.

Les femmes vont comme je vous ay desja dit dans les cabanes qui sont vis à vis de celles de leurs marys pour faire leurs couches ; quand elles ont de la peine à accoucher quarante ou cinquante hommes viennent fondre sur cette cabane dans le tems qu'elles y pensent le moins, en faisant des crys pareils à ceux qu'ils font quand ils donnent sur leurs ennemis, tirent des coups de fusil et frappent de grands coups ; la surprise et la peur les font delivrer aussy tost.

Quand elles veulent rentrer dans la cabane de leurs marys elles vont se baigner, ou si l'eau est trop froide elles se lavent où elles sont ; le mary de son côté qui est averty du jour qu'elles reviennent fait secoüer toutes les peaux qu'il a et jetter les cendres des foyers en sorte qu'il n'en reste point, ensuite fait du feu avec son batte feu, l'alume luy même et luy envoye dire d'entrer.

Ce batte feu est fait de deux morceaux de bois dont l'un est de cèdre blanc dans lequel ces sauvages font sur le bord de petits trous qui traversent le bois, avec une coche à chaque trou ; ils ont un morceau de bois dur qu'ils tournent fort vite avec les deux mains sur ces trous, si bien qu'on voit aussy tost une poussiere qui jette de la fumée, qui tombant sur du bois pourry ou des herbes seches bien ecrasées y met le feu bien vite.

Je suis, Mr, etc.

LETTRE LXIIe

DES MARIAGES DES ILINOIS

Mr,

Les jeunes gens parmy les Ilinois se marient plus
tost à présent qu'ils ne faisoient autrefois. Ils disent
que c'est depuis que nous avons été avec eux qu'ils
ont perdu l'usage de se marier que quand ils avoient
fait quelque coup sur leurs ennemis, si bien qu'ils
avoient au moins 28 à 30 ans. Les filles attendoient
de leur côté l'age de 25 ans ; mais il se trouve à présent
des garçons qui n'attendent pas 20 ans, ny les filles
18. Quand un jeune homme est parvenu à sçavoir
chasser il dit à son père et à sa mère qu'il veut se
marier et la fille qu'il ayme, à laquelle souvent il n'a
jamais parlé, car une fille sage parmy cette nation et
celle des Miamis ne doit jamais avoir conversation
avec les garçons n'y avec les hommes, si elle veut
estre mariée avec cérémonie. C'en est une veritable
que leurs mariages ; les propositions se font par le
père ou l'oncle du garçon pendant qu'il est en guerre
ou en chasse. Il prend cinq ou six chaudieres des plus
grandes, deux ou trois fusils, des peaux de cerf,
chevreüil, chats, castor, plat côté de bœuf, des étoffes
et un esclave s'il en a, enfin tout ce qu'il peut avoir,
qu'il fait porter par des femmes ses parentes dans la
cabane de la fille qui en sort ; aussitost il fait son

compliment au père et aux plus proches parens, il
leur dit qu'il demande leur alliance, qu'il les prie d'avoir
pitié de luy, et de souffrir qu'il se chauffe à leur feu ;
il laisse ses presens qui restent souvent quatre ou cinq
jours dans la cabane sans qu'on luy rende response
à cause des difficultés que fait la fille à laquelle le
garçon ne plaist pas ou son frere qui voudroit que ce
fut un autre, qui le ménage depuis longtems pour
le même dessein ; il arrive quelquefois qu'on rapporte
les presens sans rien dire et c'est la marque du refus ;
en ce cas le père qui scait l'amour que son fils a pour
la fille les augmente, les rapporte à la cabane de cette
fille et dit à son père qu'il ne veut se chauffer qu'à son
feu ; quelquefois aussy il les porte à une autre cabane
où il y a une fille dont il a entendu faire estime à son
fils. Quand la fille et les parens donnent leur consentement au mariage, ils rapportent au lieu des présens
qu'on leur a fait des choses à peu près semblables, la
fille marche devant bien parée de bandoulières, de
rassades de toutes sortes de couleurs, de porcelaines
et de grelots ; on étend aussy tost qu'elle arrive au
milieu de la cabane une peau de bœuf ou de cerf,
sur laquelle on fait asseoir l'accordée, et ses parents
s'en retournent ; le soir ceux du garçon la ramenent
avec quelques presens ; ces allées et ces venuës se font
pendant quatre jours de suite ; mais le dernier jour
la fille reste toujours dans la cabane ; elle attend
ordinairement que le garçon soit revenu pour faire la
derniere visite. Elle est quelquefois bien du tems sans
vouloir consommer le mariage, et il est arrivé souvent
que des hommes fachés de n'y pouvoir faire consentir

leurs femmes, les ont quittées pour aller en guerre, sans qu'ils s'en pussent dire les marys; cela vient ordinairement de ce qu'elles n'ayment pas les hommes qu'elles epousent; d'autres pretendent par la se faire honneur, voulant se mettre à couvert du reproche qu'on leur fait d'avoir aimé leur mary avant le mariage, si elles venoient à accoucher aussitost les neuf mois.

Quand un de ces hommes est tué à la guerre, la femme est bien à plaindre; les parens sont toujours après elle à luy faire des reproches, luy disant que la dureté qu'elle a eu pour son mary est cause de sa mort; elle n'ose se peigner n'y se trouver à aucune danse et encore moins se remarier; il faut qu'elle répande malgré elle des larmes et qu'elle paroisse bien affligée afin que sa douleur touche à la fin les parents de son deffunt mary, lesquels luy font dire par sa belle sœur qui est celle qui la doit peigner la premiere pour mettre fin à son deüil, de se remarier; elle ne doit le faire qu'après l'année, car si elle le faisoit auparavant, les parens du deffunt luy lèveroient la chevelure comme à leurs ennemis.

Je suis, Mr, etc.

LETTRE LXIIIe

DE LA MANIERE DONT LES FEMMES ILINOISES PLEURENT LEURS MARYS ET DE LEUR ENTERREMENT

Mr,

Toutes les femmes pleurent leurs maris quand ils sont morts; c'est cependant se servir d'un terme impropre que de dire qu'elles les pleurent puisque dans toutes les lamentations qu'elles font à ce sujet, elles ne parlent jamais d'eux, mais plaignent leurs enfans de ce qu'ils n'ont plus de père et leurs frères de ce qu'ils n'auront plus personne qui leur fasse des presens, car tous les hommes ont cela de commun qu'ils donnent toujours quelque chose au frère de leurs femmes.

Les hommes font aussy quantités de crys et disent le parentage qu'ils avoient avec le deffunt. Ces scenes se passent ordinairement la nuit en faisant le tour du village. Les parens et même les amis du mort viennent le couvrir et pour cet effet apportent des étoffes, haches, peaux, chaudieres, fusils, coliers de porcelaine et grelots; c'est un usage parmy toutes les nations de couvrir les morts par des presens; les gens de la cabane qui sont les plus parens font les remerciemens et disent qu'il est bien mort, puisque tant de personnes par les presens qu'ils ont apportés font connoître qu'ils l'estimoient; toutes ces choses données

ne font que changer de main, car le lendemain si un
a porté une couverture rouge on luy en rend une bleüe
et de même des autres : ensuite les parens payent
quatre hommes pour l'enterrer ; ils coupent pour cela
deux fourches de dix pieds et une traverse, creusent
la terre un peu plus large qu'il ne la faut pour enterrer
une personne, attachent bien le mort, luy mettent une
chemise blanche, des mitasses neuves, des souliers et
le couvrent de la plus belle robe qu'ils ayent,
l'etendent dans cette fosse sur un morceau de vieux
canot et en mettent deux autres à côté avec une petite
chaudiere, du bled d'Inde, un calumet, du tabac, un
couteau, une hache, un arc et des fleches comme s'il
alloit faire un grand voyage. Ensuite aux pieds et a la
teste, ils plantent les deux fourches, mettent la traverse
dessus, et l'accostent contre des pieux de chaque côté ;
ils ont le soin de bien fermer les pignons de ce petit
appenty, afin que les animaux n'y puissent pas
entrer.

Si c'est un chef de guerre qu'on enterre, ils mettent
à côté de son tombeau un potteau de 30 ou 40 pieds
de haut qui est peint de rouge et de noir ; ils y dessi-
nent son portrait et les prisonniers qu'il a amenés, et
y attachent un tas de bouchettes pour marquer la
quantité d'hommes qu'il a tués.

Quand ils ont fait toutes ces choses il faut faire les
dernieres obseques ; les vieillards qui sont tous jongleurs leur disent que jusqu'à ce tems les morts sont
sur le bord d'un grand fleuve, d'où ils entendent les
joyes et voient les délices d'un pays où ils doivent
aller, que dans ce pays, tout y est delicieux, qu'on

y danse toujours, qu'on y mange de même de tout ce que l'on peut souhaiter, que les femmes y sont toutes belles, qu'on y en a tant qu'on en veut, qu'il n'y fait point de froid, et que tout y est en grande abondance ; mais qu'on ne souffre point qu'on passe le fleuve dont il faut faire le trajet pour y arriver que les dernieres obseques ne soient faites, ce qui est cause que tous ces sauvages se pressent pour rendre les derniers devoirs aux morts. Pour cet effet les parens s'assemblent dans la cabane du deffunt et voyent entr'eux les presens qu'ils peuvent faire ; ils arrangent les choses de maniere que tous les villages ayent egalement, afin qu'il n'y ait point de mecontentement, et comme ces dernières obsèques ne se font que par les danses ou les jeux que le deffunt a le plus aimé, ils deputent vers les chefs de chaque village pour les prier d'envoyer la jeunesse danser ou joüer à l'honneur du deffunt ; pendant cette danse ou ces jeux les femmes sont à pleurer dans la cabane, et après que cela est fini, le plus proche parent distribue les presens qui sont sur des perches en montrant avec une baguette ce qui est pour chaque village.

Quand les femmes ou les filles meurent, ce sont des personnes de leur sexe qui font la fosse et toutes les ceremonies, ce sont elles aussy qui font les jeux et les danses à leur honneur.

Quand une femme qui aimoit son mary meurt et que le mary se remarie peu de tems après à une personne qui n'est point de la même famille, les parentes de la morte s'en vont dans la cabane, la cassent et la brisent par morceaux, coupent et dechirent tout

ce qu'elles y trouvent sans qu'on puisse les empêcher ;
elles font la même chose quand sans raison un homme
quitte sa femme pour en prendre une d'une autre
famille.

Je suis, Mr, etc.

LETTRE LXIVe

DE LA RELIGION DES ILINOIS ET DE LA MANIERE DONT LES JONGLEURS TRAITTENT LES SAUVAGES DANS LEURS MALADIES

Mr,

La religion de ces sauvages n'est autre chose que
celle dont je vous ay déja parlé, chacun se fait une
divinité à sa mode, et cette divinité est un ours, un
castor, un corbeau ou quelqu'autre beste. Ils sont bien
persuadés maintenant de l'immortalité de l'âme puisqu'ils croient ne quitter cette terre que pour en aller
habiter une bien plus agréable et remplie de délices ;
ils parlent du déluge et singularisent même de quelle
maniere les hommes et les animaux se sauvèrent. Ils
montrent une butte de terre qu'ils appellent le grand
canot et qui en a la figure, ils disent que c'est en cet
endroit que celuy qui a sauvé leurs pères avec differente
sorte d'animaux échoüa après que les eaux se furent
retirées de dessus la terre, que leurs pères s'ennuyoient
fort dans une voiture si fragile au milieu de tant d'eau,

ce qui fit qu'aussitost que la pluye fut passée et les eaux un peu diminuées, ils envoyèrent la loutre pour leur apporter de la terre, afin de connoitre par là si elle trouveroit fond, mais qu'elle s'amusa à manger du poisson, que le castor qui fût envoyé après s'amusa au fond de l'eau, et que le rat musqué qui partit le troisième rapporta de la terre dans sa gueule, que les eaux diminuant tous les jours de plus en plus la terre se decouvrit et que les hommes et les animaux sortirent de ce grand canot et la repeuplerent. Ce sont les vieillards qui sont presque tous jongleurs qui font ces histoires à la jeunesse, ce sont eux aussy qui se meslent de deviner, de parler au diable et de guerir les malades, car ce sont les médecins parmy tous les sauvages; quand une personne est malade les parens pendent dans la cabane deux ou trois chaudieres, un fusil, deux couvertures pour faire present au médecin, ils en mettent plus ou moins selon que la maladie est grande ou petite et envoient chercher le jongleur auquel ils ont plus de confiance; ce jongleur arrivé, ils le prient d'avoir pitié d'eux, de guerir le malade luy montrant en même tems ce qu'il aura pour sa récompense; il ne fait pas semblant de regarder ce qu'on luy montre, c'est toujours cependant la première chose sur laquelle il jette les yeux, mais il ne veut point paraître interessé quoy qu'il le soit et s'approche du malade, luy demande son mal et s'informe de tout ce qui luy est arrivé depuis qu'il est attaqué; après l'avoir bien regardé et écouté tout ce qu'il luy a dit, il sort et revient aussitost avec sa médecine et son chichigoué; sa medecine est facile à porter, car elle consiste en tout en un petit sac où il y a plusieurs paquets de poudre dans des eaux passées, quelques racines et feuilles d'herbe; il en fait étalage et commence à chanter à gorge déployée, il dit que l'ours ou le chevreüil qui est son manitou luy a montré cette médecine qui est bonne pour un tel mal, il nomme celuy dont le malade est attaqué, que celuy qui en prendra en sera guéry; cette belle chanson dure au moins une demy heure quoyque le malade soit souvent à l'extrémité; quand elle est finie il prend un peu de cinq ou six paquets de ses poudres, les met dans l'eau tiede et les fait avaler à son malade, après quoy il s'en met dans la bouche et en souffle sur le malade, et après l'enveloppe; il luy rend deux visites régulièrement par jour, mais il n'y chante point à moins qu'il ne devienne plus mal ou mieux; quand il empire il invoque son manitou de plus en plus, et quand la santé luy revient il chante ses louüanges, dit que c'est le veritable manitou et qu'il ne luy ment jamais; quand il voit qu'il est seur de guerir le malade, il redouble ses chansons et dit que son manitou l'a assuré en reve qu'il alloit absolument le guérir en luy ostant la cause de son mal; après s'estre fait montrer l'endroit et l'avoir bien tasté, il ouvre la bouche et fait un cry comme s'il etoit enragé, mord le pauvre malade d'une maniere qu'il luy fait quelquefois venir le sang; malgré le mal qu'on luy fait, il n'ose se plaindre de peur de faire connoître son peu de courage. Pendant ce temps ce jongleur se met un ongle d'aigle ou de loup ou un poil de la barbe de l'animal qu'ils appellent grande queuë dans la bouche, il le montre au malade et aux parens et leur dit que c'étoit ce qui causoit sa maladie; il recommence à chanter et remercie son manitou de ce qu'il luy procure le moyen d'avoir souvent des marchandises, mesne baigner la personne guérie ou la lave dans sa cabane, prend luy même les marchandises qu'on avoit suspendues pour sa récompense, et les emporte sans rien dire. Les parens se lèvent devant qu'il sorte et luy passent les mains sur la teste et sur les jambes, ce qui est la marque d'un grand remerciement.

La pluspart du temps les malades ne guérissent point, quoyque ces jongleurs y ayent grand interest, car sans guérison il n'y a point de payement; mais ils ne connoissent point les maladies internes, leurs drogues pour purger font cependant tout l'effet qu'on peut souhaiter.

Je suis, Mr, etc.

LETTRE LXVe

DE LA MANIERE DONT LES JONGLEURS TRAITTENT LES PLAYES

Mr,

Je vous ay marqué par ma derniere de quelle maniere ces jongleurs médecins traittent les sauvages dans leurs maladies; c'est une veritable momerie. Cependant quand un jongleur est malade il en envoye chercher un autre pour le guérir : mais s'ils ne sont pas habiles pour les maladies internes, ils le sont pour les blessures et guérissent en peu de tems ; le sucement dont ils se servent y a sans doute beaucoup de part : quoyque sale et remplie de pus que soit une playe, ils la nettoyent entierement sans faire beaucoup de mal ; ils se mettent quelque poudre dans la bouche quand ils commencent à sucer, mais par la suite ils n'y mettent rien ; quand elle est nette ils jettent des simples dessus, qu'ils ont machés, et enveloppent, le jour, seulement le tour de la playe pour la laisser suppurer, ils la couvrent entierement la nuit et de cette maniere elle est guérie en peu de tems.

Quand un homme a un coup de flèche ou de fusil au travers du corps, ils luy fendent le côté avec un couteau au dessus du coup et luy font entrer dans le corps quantité d'eau tiede où ils ont mis de leurs drogues ; ils luy font faire tant d'effort et luy donnent tant de mouvemens qu'ils luy font jetter toute cette eau par l'endroit qu'ils ont ouvert avec quantité de sang caillé, qui l'etoufferoit sans doute si par ce moyen ils ne le faisoient sortir ; après cette opération ils traittent cette playe comme je viens de vous marquer, plusieurs en guérissent et peu en meurent. Les jongleurs qui font en ces occasions l'office de chirurgien ne sçavent ce que c'est que de couper n'y bras n'y jambes et ils guérissent sans ces opérations.

Ceux qui guérissent de ces dernières blessures sont regardés comme des manitous, ce qui veut dire parmy ces sauvages comme des esprits et des hommes extraordinaires, ils se font craindre des jeunes gens et

encore plus des jeunes filles desquelles ils obtiennent
facilement des faveurs parce qu'elles ont la faiblesse
de croire que quand ils leur jettent de leur médecine,
ils les feroient mourir.

Je suis, Mr, etc.

LETTRE LXVIe

DE LA MANIÈRE DONT LES JONGLEURS IMPOSENT
AU PUBLIC POUR SE FAIRE VALOIR ET SE FAIRE RESPECTER

Mr,

Ces jongleurs, pour estre maîtres de la jeunesse,
l'entretiennent toujours dans la croyance qu'ils sont
maîtres de leur vie et de leur mort, et pour cet effet
font à peu près comme les sauteurs, ils chantent la
médecine deux ou trois fois l'année et font tout ce
qu'ils peuvent pour faire croire leurs remèdes extraordinaires et persuader le public de leur puissance;
pour joüer cette comedie ils font faire un enclos de
perches d'un demy arpent en quarré dans une des
plus belles places du village, ils garnissent cet enclos
de nattes tout autour. On voit tous ces jongleurs
y entrer gravement, le chichigoué à la main et des
peaux d'ours sur le bras gauche; ils s'asseoient sur des
nattes et un prend la parole et dit en chantant à tous
ceux qui sont presens qu'ils ne vivent que parce qu'ils
le veulent bien et que par les choses extraordinaires

qu'ils vont faire ils seront persuadés de la verité de
leurs paroles ; tous les autres jongleurs applaudissent
à ce discours. Aussytost on voit dans l'assemblée cinq
ou six personnes sur lesquelles ils n'ont fait que jetter
la veuë en marmottant quelques paroles se lever ; les
uns font des cris comme des possedés, d'autres
paroissent demy morts, on en voit qui tombent de
leur haut comme morts et qui se relèvent ensuite avec
une plume d'aigle dans la main, dont les barbes
rougies font croire qu'ils sont blessés ; en ce tems la
fureur les prend, ils paroissent vouloir tuer tous les
spectateurs ; mais ils se contentent de faire semblant
de darder cette plume à un autre, lequel tombe aussitost et jette quantité de sang par la bouche. Les jongleurs vont aussitost donner secours à tous ces malades,
les traittent fort sérieusement ; ils tirent de la bouche
des uns une plume d'aigle qu'ils y tenaient cachée et
les guérissent aussitost, ils font boire aux autres quantité d'eau tiède, ce qui les fait vomir et jetter un petit
serpent à sonnette qu'ils tenoient aussy caché dans
leur bouche. C'est en ce tems qu'ils se mettent tous
à chanter victoire, qu'ils disent que c'étoit ce reptile
qu'ils avoient envoyé dans son corps qui alloit le faire
mourir, mais que leur médecine a bien sceu le faire
sortir.

Toute l'assemblée surprise vient voir ce petit serpent ; et les choses qu'elle a veues, qu'elle ne croit
point naturelles et dans lesquelles cependant il n'y a
aucune magie mais seulement des gens apostés à propos
et qui scavent bien faire leur personnage, luy font
croire que leur vie dépend de ces jongleurs.

Comme il y a une grande quantité de serpens à sonnette dans les prairies, il ne se passe point d'année qu'il n'y ait quelque sauvage de piqué. Sans le secours d'une racine que ces jongleurs connoissent, tous ceux qui ont ce malheur en mourroient, mais ils en sont gueris d'un jour à l'autre.

Cette racine et les feuilles qu'elle porte ont une grande vertu contre ces serpens dont le venin est aussy dangereux que celuy de la vipere; on peut les prendre après s'en être frotté et leur arracher les dents; les jongleurs s'en servent pour faire croire que ces serpens n'ont aucun pouvoir sur eux, ils les manient sans crainte et même ces serpens se retirent à l'approche de leur main qui a l'odeur de cette racine, pendant qu'ils veulent se lancer sur les autres.

Cette maniere toute grossiere qu'elle est ne laisse pas de reussir à ces jongleurs, la jeunesse les craint, les respecte et suit leurs conseils : c'est par ce moyen aussy qu'ils la gouvernent, qu'ils tachent de mettre en seureté leur nation et de l'augmenter par les guerres qu'ils font aux sauvages Panis et Paniassas qui sont fort nombreux et établis dans les terres proche de la riviere Missoury.

Je suis, Mr, etc.

LETTRE LXVIIe

DE LA MANIERE DONT LES ILINOIS FONT LA GUERRE
AUX PANIS

Mr,

Quand les Ilinois ont résolu la guerre contre les
Panis, presque tout le monde des villages marche,
les femmes même y vont; et comme les peuples qu'ils
vont attaquer ne sont ny si braves ny si aguerris, ils
enlevent des villages tout entiers, ils tuent les hommes
et leur levent la chevelure, n'amenent que les femmes
et les enfans auxquels ils donnent la vie, dont cependant ils jettent partie au feu, quand ils ont eu de leurs
gens tués dans cette guerre; auparavant le depart,
plusieurs jeunes gens vont à toutes les portes des
cabanes danser au son d'une espèce de tambour qui
est ordinairement un pot de terre moitié plein d'eau,
couvert d'une peau de chevreüil, qui est porté par un
de la troupe; chacun sort des cabanes, danse et donne
quelque chose à cette jeunesse.

Comme le festin de chien est parmy tous les
sauvages le veritable festin de guerre, les femmes ont
soin de renfermer tous ceux de la cabane, car autant
qu'ils en trouvent en ce tems, ils les tuent pour se
régaler.

Ces sauvages Panis ne sont pas les seuls qui habitent
sur les bords de la riviere Missoury, il y a quantité

d'autres nations sur ces bords et dans les terres; cette riviere est fort belle et fort large; elle se trouve très rapide au dessus de son embouchure dans le fleuve du Mississipy, et elle entraîne tant de terre avec elle qu'elle rend les eaux de ce fleuve bourbeuses pendant plus de cent lieuës. Les nations qui l'habitent, disent qu'elle vient d'un grand lac qui a encore sa descharge d'un autre côté, ce qui pourroit faire connoître qu'elle tombe dans la mer de l'oüest.

Les Panis dont je viens de vous parler et les Paniassas ont communication avec les Espagnols du nouveau Mexique; ils en tirent des chevaux dont ils se servent quelque fois pour courir les bœufs, ils en tirent aussy des petites turquoises grosses et rondes comme de la rassade et les pendent à leurs nez, ce qui est un grand ornement parmy eux.

Je suis, Mr, etc.

LETTRE LXVIIIe

DU PEU DE DURÉE DE LA GUERRE QUE LES ILINOIS FONT
AUX PANIS ET AUX AUTRES NATIONS DU SUD

Mr,

La guerre dont je vous ay parlé dans ma derniere lettre que les sauvages Ilinois font aux Panis et à d'autres nations sauvages qui sont sur les bords du Missoury n'est pas de longue durée, ces peuples n'étant point belliqueux comme eux et ayant besoin de leur commerce pour tirer des haches, couteaux, aleines et autres choses qui leur sont nécessaires; ces Ilinois en font le commerce avec nous et les revendent à ces autres nations.

Le besoin que ces nations ont de la paix leur fait faire tout ce qu'il faut pour se la conserver, ils vont tous les ans chez ces Ilinois leur apporter le calumet qui est le symbole de la paix chez toutes les nations du sud.

Ce calumet est accompagné d'une danse dont je vous ay parlé dans celle de tous les sauvages. Ceux cy sont très glorieux de voir que les autres nations viennent rechercher leur amitié, et les reconnoître pour leur chef; cet honneur qu'ils reçoivent leur fait croire que toute la terre devroit trembler sous eux.

Je suis, Mr, etc.

LETTRE LXIXe

DE LA GUERRE QUE LES ILINOIS FONT PAR PETITS PARTIS

Mr,

Les sauvages Ilinois font aussy comme les autres sauvages la guerre par petits partis qui sont ordinairement de quinze à vingt hommes; pour former ces partis, un chef de guerre donne un festin dans le mois de fevrier qui est ordinairement le tems où ils se préparent, et leur dit que comme voilà le temps qui s'approche que l'on va chercher des hommes, il faut rendre leur devoir à leurs oyseaux afin qu'ils leur soient favorables, car tous ceux qui vont à la guerre parmy ces sauvages ont outre leur manitou chacun des oyseaux auxquels ils ont grande confiance; ils en conservent la peau dans une espece de trousse faite de roseaux. Le festin finy, ils la vont chercher, en tirent leurs oyseaux, les étendent sur une peau au milieu de la cabane, et chantent la nuit en les apostrophant au son du chichigoué; l'un s'adresse au corbeau, le prie de luy donner la même vitesse en poursuivant les ennemis qu'il a en volant; un autre parlant à l'émerillon luy demande contre ses ennemis la même force qu'il a pour tuer les autres oyseaux afin d'être admiré de ses camarades et craint des autres nations.

Le jour venu, ils rapportent tous leurs oyseaux et quand le chef de l'entreprise veut partir, il fait un second festin et y invite tous ceux qui ont apporté leurs oyseaux; tant qu'il dure, ce chef les harangue et leur dit : vous sçavez qu'il y a longtemps que je pleure mon frère, il a été tué par nos ennemis, il étoit votre parent comme à moy puisque nous sommes camarades; si mes forces égaloient mon courage j'irois seul venger un parent aussy brave et aussy bon que celuy que je pleure, mais je suis trop foible seul pour une telle entreprise. J'ay recours à vous et c'est de vos bras que j'attends la vengeance que je demande; les oyseaux que nous avons prié m'ont assuré de notre victoire et leur protection jointe à votre courage doit nous faire tout hazarder. Après qu'il a fait ce discours il se lève et va passer sa main sur la teste et sur les épaules d'un chacun; ensuite ils disent qu'ils sont tous prests à partir, et en effet ils partent la nuit suivante.

Le commandant porte la natte de guerre dans laquelle tous ceux qui marchent mettent leurs oyseaux et bonne provision d'herbes et de racines pour panser les blessez; ils font dans leur route d'espace en espace des caches de bled d'Inde afin de n'estre point si chargés, ce qui les empeche d'aller aussy vite qu'ils voudroient, et pour pouvoir trouver des vivres au retour afin de n'estre point obligés de ne subsister que de chasse.

Le plus jeune qui est toujours celuy qui s'est trouvé en moins d'occasions, est celuy qui a soin de faire la chaudiere et de raccommoder les souliers à toute la troupe.

Quand ils arrivent proche du lieu où ils croient trouver leurs ennemis, le chef tire aussitost tous les oyseaux de sa natte, leur fait une courte priere et envoye ses découvreurs; ils donnent ensuite sur les ennemis, les poursuivent en imitant le cry de leurs oyseaux et tachent de faire des prisonniers, car c'est une bien plus grande gloire parmy eux d'en faire que d'apporter des chevelures. Ces prisonniers appartiennent à ceux qui en les poursuivant ont pu les toucher avec un baton ou avec une roche; ils les lient quand ils les ont pris; le chef fait ensuite une courte harangue à sa troupe dans laquelle il les exhorte tous de remercier l'esprit de leur avoir été si favorable et de faire une prompte diligence, pour s'éloigner de l'endroit où ils sont, ce qu'ils font avec vitesse marchant deux ou trois jours de suite jour et nuit.

Je suis, Mr, etc.

LETTRE LXXe

DE LA MANIÈRE DONT LES ILINOIS FONT LEUR RETOUR DANS LEURS VILLAGES APRÈS AVOIR FAIT COUP

Mr,

Je viens de vous marquer que ces sauvages se retirent le plus viste qu'ils peuvent de l'endroit où ils ont fait coup; la crainte qu'ils ont d'estre poursuivis fait hâter leur marche. S'ils ont des femmes parmy leurs prisonniers et qu'elles ne puissent pas les suivre, ils leur cassent la teste ou les font brusler. Quand il y a quelqu'un du party qui a été tué, le chef se mattache de terre pendant tout le voyage et pleure fort souvent en marchant, et porte en arrivant au village dans ses mains un arc et des fleches brisées, va voir les parents de ceux qui ont esté tuez, leur fait des presens pour couvrir les morts et leur promet de se mettre dans peu en campagne pour les venger; pour cet effet il lève un autre party, mais s'il y a encore du monde de tué dans ce second, il ne trouve personne pour en faire un troisieme. Les malheureux ne sont point aymez dans ce pays-là comme dans beaucoup d'autres; ils sont au contraire extremement hays de la famille qui a perdu du monde sous leur commandement, à moins que, pour me servir de leurs termes, ils ne sachent leur raccommoder le cœur avec des presens.

Quand au contraire ils arrivent victorieux, ils font les cris ordinaires; plusieurs personnes courent au devant d'eux et les premiers arrivez prennent tout ce que ces guerriers ont jusqu'à les mettre nuds comme la main, c'est une marque d'honneur qu'on leur fait et qui ne laisse pas de leur estre incommode, mais dont ils sçavent se garantir en laissant la veille dans le bois ce qu'ils veulent sauver.

Cependant si l'on vient à sçavoir ce qu'ils ont fait, ils passent pour des avaricieux; ils entrent ensuite dans le village où ils sont regallés par un des plus considerables et où on leur apporte de l'huile d'ours avec laquelle ils se frottent les jambes.

Je suis, Mr, etc.

———

LETTRE LXXIe

DE LA CHASSE DES ILINOIS PENDANT L'ÉTÉ ET L'HIVER

Mr,

Ces sauvages Ilinois quittent leur village l'hiver; il n'y reste que quelques femmes et des vieillards qui ne peuvent absolument marcher. Ils vont faire la chasse aux bœufs, au chevreüil, au cerf, au castor et à l'ours. Ils cabanent toujours dans les prairies éloignées du bois pour estre en état de découvrir de plus loin ceux qui voudroient les attaquer et pour pouvoir les poursuivre plus facilement, et se servent de nattes de jonc liées ensemble pour couvrir leur cabane.

Quand ils ont aperceu une bande de bœufs, les jeunes gens vont à eux au petit trot, et quand ils en sont environ à un quart de lieüe, ils courent de toutes leurs forces, ils les ont bientost joints, font leur decharge de coups de fusil et leur décochent un nombre infiny de flèches. Plusieurs bœufs tombent de ces coups et ces jeunes gens poursuivent toujours ceux qui restent, et les font passer à côté des vieillards qui sont embusqués et qui en font une grande tuerie.

Ils prennent les langues des bœufs et les plats côtés qu'ils gardent pour porter à leurs villages ; ce sont les femmes qui ont soin de lever cette viande et de la faire fumer et conserver.

Ils reviennent dans leur village vers la fin d'avril pour faire leurs semences et y restent tout l'été, faisant seulement de tems en tems quelques petites chasses, mais sans s'en eloigner beaucoup.

Pour faire leur chasse d'été et d'hiver, ils se servent de grandes pirogues de bois dans quoy ils portent tout leur équipage ; aucune de ces pirogues n'oseroit s'ecarter du gros, car aussitost les pirogues de garde courroient après, la briseroient et tout ce qui seroit dedans : aucun de ces sauvages n'oseroit aussy s'ecarter du gros pour aller à la chasse quand ils sont à terre, car aussitost une bande de jeunes gens qui sont de garde courroit après eux pour les faire revenir, casseroit leurs armes et déchireroit tout ce qu'ils ont sur eux. Ces sauvages ont étably cette sorte de règle entre eux parce que ceux qui s'avanceroient, feroient fuïr les animaux en en tuant très peu, ce qui les obligeroit d'aller plus loin pour en trouver.

Je suis, Mr, etc.

LETTRE LXXIIe

DU FORT PONTCHARTRAIN DU DETROIT ET DES SAUVAGES HURONS

Mr,

Partie de ces sauvages Outavois et les sauvages Hurons habitent dans le détroit des lacs Huron et Érié auprès du fort Pontchartrain du detroit, dans lequel Sa Majesté a un officier des troupes de ce pays qui y commande[1]. La terre et le climat n'y sont pas si beaux que chez les Ilinois; la neige cependant n'y reste pas plus de cinq à six jours sur la terre, et il n'y en a pas plus d'un pied dans les années où il en tombe le plus; c'est dans les mois de janvier et fevrier qu'on en voit sur la terre.

[1] M. de Lamotte-Cadillac, ancien commandant de Michillimakinac, dont nous avons parlé plus haut (Lettre LIIe, note 2), et dans les *Jésuites et la Nouvelle-France* (t. iii, ch. x), commandait alors le fort de Détroit. Il devint, en 1710, gouverneur de la Louisiane.

Les Miamis et quelques autres nations viennent traitter à ce poste ; mais toutes les pelleteries qui viennent de ce côté qui est celuy du Sud ne sont point estimées comme celles du Nord, n'étant point assez fournies de poil, non plus que le castor, lequel outre ce deffaut a encore celuy d'avoir le cuir très épais.

Comme je vous ay parlé des Outavois dans une de mes lettres précédentes, je vous parleray présentement des Hurons.

Ces Hurons n'ont point la pluralité des femmes comme les autres sauvages ; ils en changent quand ils veulent et les femmes ont le même droit, si bien qu'on peut dire qu'il y a peu d'hommes et de femmes parmy cette nation qui n'ayent eu quelque tems de mariage ensemble.

Ce sont les filles qui recherchent les hommes pour le mariage chez ces peuples, et ils ne se croient point mariés ensemble qu'ils n'ayent eu des enfans ; car jusqu'à ce tems le mary et la femme logent chacun dans la cabane de leur père, mais quand ils ont des enfans le mary va demeurer dans la cabane de la femme.

Ces sauvages sont toujours couverts et ont grand soin de cacher ce que la pudeur leur deffend de montrer ; ils sont très laborieux aussy bien que leurs femmes, ce qui fait qu'ils sèment beaucoup de grains dont ils font commerce avec les François et les autres sauvages.

Les femmes et les filles sont très propres à leur manière, mais bien huilées et peignées ; elles ne se piquent ny se mattachent ; on les accuse de s'aimer, et d'aimer trop les garçons auxquelles elles accordent volontiers leurs faveurs pendant la nuit où il leur semble que tout doit être permis. Elles sont sujettes à s'empoisonner au moindre chagrin qu'elles prennent; les hommes aussy s'empoisonnent quelquefois; ils se servent pour quitter la vie de racines de ciguë ou de citronier qu'ils avalent.

Ce citronier est une plante qui vient dans les endroits humides et à l'ombre et qui ne porte qu'une tige qui produit un fruit assez semblable à un petit citron et qui n'est pas désagréable au goust; il ne fait aucun mal mais la racine est un poison très subtil; ces sauvages cependant s'en guérissent en se faisant beaucoup vomir ce qui leur fait rejetter tout ce poison.

Ils enterrent leurs morts tout habillés avec leur équipage de guerre, après les avoir graissés et mattachés afin, disent-ils, qu'ils n'arrivent point à l'autre monde comme des miserables; ils leur élèvent de petits mausolées de bois sur leur tombeau sur lesquels leurs marques sont gravées.

Ces sauvages ont des missionnaires[1] et l'on peut

---

[1] Le fort de Détroit, fondé en 1701, vit bientôt les sauvages y accourir. Deux villages se formèrent autour du fort : l'un de Hurons, l'autre d'Outaouais ; les Poutéouatamis ne tardèrent pas à créer un troisième village. M. de Lamotte nomma le P. de Lhale, récollet, aumônier de la garnison, et le P. Vaillant de Gueslis, jésuite, missionnaire des sauvages. Mais ce dernier, en présence des agissements et des hostilités croissantes du commandant, jugea plus sage de se retirer, et fut remplacé par un prêtre du séminaire de Québec, qui n'y fit pas long séjour ; de sorte que les sauvages restèrent sans pasteurs pendant bien des années. M. de Lamotte, ennemi déclaré des jésuites, entreprit de les éloigner du ressort de son commandement au risque de soulever les sauvages contre la colonie. Non loin

dire que ce sont eux qui ont embrassé avec plus de
chaleur le christianisme et qui paraissent les meilleurs
catholiques; l'on peut dire aussy que parmy tous les
sauvages le roy n'en a point qui luy soient plus
fidèles; ils peuvent faire 60 guerriers.

Les plus habiles interpretes reconnoissent deux
mères langues parmy les sauvages qui nous sont
connus, car il y en a bien d'autres qu'on ne connoist
qu'imparfaitement et par relation des autres, puisque
toute la terre de l'Amerique en est remplie de tout
côté.

Ces deux mères langues sont l'algonquine qui a rapport à celle de tous les sauvages des lacs, et l'huronne
qui a rapport avec l'iroquoise; cependant l'une et
l'autre ne different que par la prononciation, l'accent
et quelques dialectes.

Je suis, Mr, etc.

de Détroit se trouvait la mission de Saint-Joseph, dirigée depuis dix-
sept ans par le P. Aveneau, dont l'influence était grande sur les
Miamis. M. de Lamotte lui enleva la mission et la confia à un Père
récollet; elle l'appela mission de Saint-François-d'Assise. Voici ce
qu'on lit dans une lettre du P. Silvy, adressée de Québec le 14 novembre 1707, au général Michel-Ange Tamburini : « Longinquæ apud
Outaouacos et Ilinenses constitutæ missiones minus bello quam recens
obortâ persecutione turbantur, quam in nostros movit infensissimus
societatis inimicus. Hic enim in quodam Huronici lacûs freto à rege,
seu potius à ministro regis, ipsi favente, constitutus cœptæ nuper
ibi Gallorum coloniæ præfectus, nullum non movet lapidem, ut per
mendaciorum, quorum præstans est artifex, et calumniarum cuniculos,
los, omnes regionum illarum nobis auferat missiones in Franciscanos
transferendas. Undè Patrem Aveneau à suâ dilectissimâ Ilinensium
missione, quam ab annis septemdecim immensis curis et laboribus
excolebat, avulsit, intrusoque in ejus locum P. Franciscano, missio-
nisque nomine in nomine sancti Francisci Assisiatis converso, illum
ad superiores remisit. »

LETTRE LXXIIIe

DU LAC ÉRIÉ ET DU SAUT DE NIAGARA

Mr,

On trouve à cinq lieuës du fort Pontchartrain du
detroit le lac Érié qui a environ 150 lieuës de tour.
Tout le tour de ce lac est habitable, les terres y sont
bonnes et couvertes de toutes sortes de bois franc, de
sassafras et d'arbres fruitiers, ce qui fait qu'on y trouve
beaucoup d'animaux et quantité de gibier de terre et
d'eau; il y a de distance en distance des rivieres qui
y tombent et qui sont d'une grande facilité pour le
debarquement des voyageurs à cause des hauts fonds
qui se rencontrent au bord de ce lac, ce qui le rend
très agité et d'une difficile navigation quand il fait du
vent; ce lac et ces rivieres sont poissonneuses.

On trouve dans la profondeur des terres du côté du
sud tirant vers Marilande et Virginie quantité de bois
où les ours et les chevreüils se retirent.

On trouve aussy dans cette profondeur à 20 lieuës
environ quantité de bœufs Ilinois.

Ce lac en se degorgeant forme la riviere qui fait le
saut de Niagara qui est à 44 degrés 12 minutes de
latitude; cette chute qui se trouve partagée en haut
par une petite isle couverte de bois a au moins
300 pieds de hauteur, et sert de décharge à tous les

lacs dont je vous ay parlé; c'est elle qui forme aussy le lac Ontario.

Il en faut debarquer à un quart de lieüe, car l'eau est si rapide plus avant que les animaux et même les oyseaux de riviere qui sont pris dans le courant tombent dans la chute; les animaux ne pouvant nager, ny les oyseaux prendre leur vol à cause de la rapidité dont elle est; et on ne se rembarque que deux lieuës au dessous; il faut faire portage de son canot, et de toutes ses marchandises; on le fait des deux côtés; celuy du nord est cependant le plus visité; il y a trois côtes de suite à monter, on y trouve quantité de serpens à sonnettes, surtout l'automne et le printems.

Je suis, Mr, etc.

LETTRE LXXIVe

DU CÔTÉ DU NORD DU LAC ONTARIO, DU FORT FRONTENAC ET DES RAPIDES

Mr,

A quatre lieuës de ce saut est sa descharge dans le lac Ontario; c'est en cet endroit du côté du Nord qu'on avoit construit autrefois le fort de Niagara qui a été abandonné.

Le lac Ontario a plus de 200 lieuës de tour, il y a beaucoup d'animaux du côté du nord et c'est le lieu

de chasse d'une partie des Iroquois ; on y trouve des
cèdres rouges.

Il y avoit autrefois du côté où les terres sont bonnes,
des villages d'Iroquois et une mission à Kenté, qui
étoit desservie par des prestres du seminaire de Montréal ; mais les guerres ont tout fait abandoner.

Ce lac est borné par plusieurs isles et finit à trois
lieuës au dessus du fort Frontenac[1] qui est par les
45 degrés 35 minutes de latitude.

Ce fort est de pierre, muny de quatre bastions et
scitué sur la grande riviere qui descend à Montreal ;
il a été commencé par M. le comte de Frontenac qui
a été gouverneur de ce pays, et continué par le sieur
de la Salle auquel le roy en avoit donné la propriété.

Les sauvages l'appellent Kataracoüy ; il y a un
officier des troupes de ce pays qui y commande avec
une garnison ; et on est obligé d'y tenir un magasin
de marchandises pour y faire la traite avec les
Iroquois ; c'est ce qu'ils ont demandé et ce qui leur
a été accordé par M. de Callières qui a été aussy gouverneur de ce pays, dans la paix générale faite avec
tous les sauvages en 1701.

Les terres sont mauvaises à plus de 7 à 8 lieuës
de ce fort ; il y a quelques cabanes des Iroquois qui
y sont établis ; je remets à vous parler d'eux quand je
feray la description du côté sud de ce lac où il y en
a partie qui y ont leur village.

---

[1] C'est à l'entrée de la rivière Catarakoui, à l'endroit où s'élève
aujourd'hui la ville de Kingston, que Frontenac fit bâtir le fort de
Catarakoui, auquel il donna son nom (1673). L'exécution des travaux
du fort fut confiée à Cavelier de la Salle.

On navigue commodement pendant trente lieuës sur cette grande riviere dont le courant est imperceptible et qui a au moins une lieuë de large ; elle est entre-coupée à 4 lieuës de ce fort pendant l'espace de 12 lieuës d'une si grande quantité d'isles qu'on appelle cet endroit les mille isles, parmy lesquelles sont celles de *Toniata,* où il y a des pesches d'anguilles très abondantes, depuis le printems jusqu'à l'automne ; c'est de ce lieu que descendent toutes celles qu'on prend en cette colonie.

Les barques peuvent naviguer depuis le Saut du Niagara jusqu'à la Gallette qui est la fin de ces 30 lieuës, où commencent les rapides.

Le premier s'appelle les *Galots,* qui sont deux rapides de suite formés par deux nappes d'eau. A cinq lieuës de ces Galots est le *Rapide plat;* c'est un grand courant d'eau qui est separé en deux chenaux par une isle d'une demy lieuë de long.

On trouve à six lieuës plus bas le *Long Sault* qui peut avoir 3 quarts de lieuës de long ; il y a trois chenaux et c'est un grand courant d'eau avec des cascades.

Depuis le bas de ce Long Sault jusqu'au lac Saint-François, ce qui comprend l'espace de six lieuës, les terres y sont les plus belles qu'on puisse voir des deux côtés de la rivière.

A deux lieuës au dessous se trouvent les cèdres où il y a un autre rapide qui se joint encore à un autre qu'on appelle le *Cotteau* des cèdres.

Ce sont des cascades qui tombent les unes sur les autres et qui peuvent avoir une lieuë de long. A une lieuë de ce rapide il y en a trois de suite ; le premier s'appelle le *Buisson,* qui est une chute qui conduit insensiblement dans un autre nommé le *Trou*, et celuy là conduit dans le troisième qui s'appelle les *Cascades.*

C'est en cet endroit où finissent les rapides et où l'on entre dans le lac Saint-Louis long environ de 5 à 6 lieuës, qui reçoit les eaux de la grande riviere des Outavois du côté du nord et celles de tous les rapides dont je vous ay parlé et qui joint l'isle de Montreal.

On monte tous ces rapides en canots avec des perches, ou se mettant dans l'eau pour tirer avec une corde ; il faut bien prendre garde de tenir le canot toujours droit au courant, car s'il vient une fois de travers, on tombe dans les chutes et sur des roches qui le crèvent ou le font tourner.

En ces cas toutes les marchandises sont perduës et les hommes en grand danger.

On descend aussy ces rapides en canots ; il ne faut que deux hommes pour cela, dont un à l'avant et l'autre à l'arrière ; c'est proprement celuy qui est à l'avant qui gouverne, ayant attention d'éviter les roches dont tous ces rapides sont remplis, et celuy qui est à l'arrière fait la même manœuvre que luy.

Je suis, M^r, etc.

LETTRE LXXVe

DU CÔTÉ DU SUD DU LAC ONTARIO, DES CINQ NATIONS
IROQUOISES ET DE LA MANIERE DONT
ILS SE RENDOIENT MAITRES DES AUTRES NATIONS

M^r,

Après vous avoir parlé des rapides dans ma derniere lettre, je reviens au côté du sud du lac Ontario. Partie des Iroquois sont établis de ce côté dans les terres à 8 et 10 lieuës de ce lac le long des rivieres qui y descendent lesquelles sont fort poissonneuses aussi bien que tout ce lac.

Les Iroquois comportent cinq nations établies séparément qui tiennent environ 70 lieuës de pays; les Souontoüans sont établis à 30 lieuës du Sault du Niagara; ils comprennent trois villages. Les Goyogouoins sont a onze lieues de ces premiers; les Onontagué ont leur village à seize lieuës de ces derniers; c'est l'endroit où se traittent toutes les affaires des cinq nations et où le feu du conseil est allumé. Les Oneiouts sont à seize lieuës de ces Onontagués, et les Aniés habitent à 13 lieuës d'Orange, qui est une colonie de Flamans sous la domination de l'Angleterre.

Ces sauvages ont des missionnaires qui resident dans leur village et qui ont soin de les instruire[1].

---

[1] Les jésuites, que la guerre avait forcés de s'éloigner, depuis près de quinze ans, du pays des Iroquois, y étaient rentrés au mois de

Il ne faut pas s'etonner si ces Iroquois ont été les vainqueurs de toutes les nations voisines, et s'ils ont porté la terreur dans tout ce continent; c'est qu'ils ont été les premiers sauvages qui ont l'usage des armes à feu; tous les autres peuples qui n'avoient que des fleches étoient épouvantés du bruit de la poudre, et croyoient que ceux cy étoient des esprits.

Outre cet avantage qui etoit en ce tems considerable, ils avoient celuy d'être fort nombreux, et de faire beaucoup de prisonniers pour leur augmentation.

L'union dans laquelle ces cinq villages ont toujours été, et la quantité du bled qu'ils ont toujours cultivé faisoient que leurs partis étoient forts et qu'ayant beaucoup de vivres ils n'etoient pas obligés de se separer pour subsister de chasse. Par ce moyen ils se trou-

---

septembre 1702, après la paix générale des nations sauvages. Les Iroquois vinrent eux-mêmes les demander au gouverneur de la colonie, à Montréal. Quatre religieux partirent aussitôt : les PP. Jacques de Lamberville, Julien Garnier, Vaillant de Gueslis et le Frère Maigneret. Le P. de Crépieul écrivait au général Gonzalez, 28 octobre 1702 : « Quatuor Iroqueorum nationes duobus ferè abhinc mensibus montem regalem venerunt, missionarios postulaturæ. Quatuor è nostris cum eis jam profecti sunt. » Les PP. Ét. de Carheil, Jacques d'Heu et Pierre de Mareuil ne tardèrent pas à aller les rejoindre. Tous ces apôtres furent reçus par les Iroquois avec la plus vive satisfaction. Mais les Anglais détachèrent peu à peu cette nation de l'alliance avec les Français et lui firent renvoyer ses missionnaires. Le P. Germain écrivait au général, 31 octobre 1710 : « De Iroquæorum missionibus, propter imminentia quotidiè mortis pericula, ob fœdus inter Anglos et Iroquæos initum, nostri omnes indè recedere et ad nos confugere coacti sunt. » Seul, le P. de Mareuil, fait prisonnier par les Anglais, fut retenu captif à Orange. Relâché plus tard et conduit à Manhate, il revint en France, où il mourut le 25 août 1742. La lettre du P. Germain, datée du 31 octobre 1710, montre que la lettre LXXVe, *sans date*, de la *Relation*, a été écrite en 1710.

voient toujours supérieurs à leurs ennemis qu'ils alloient attaquer.

Ils savoient aussy s'allier avec une nation pour en détruire une autre, et détruisoient après celle qui leur avoit servy.

Ils employoient toute leur industrie pour engager les autres nations à se rendre et à se donner à eux; ils leur envoyoient des presens et les plus habiles gens de leur nation pour les haranguer, et leur faire connoître que s'ils ne se donnoient pas à eux ils ne pourroient éviter d'être detruits, et que ceux qui tomberoient en leurs mains souffriroient des tourmens les plus cruels; mais qu'au contraire s'ils vouloient se rendre et se disperser dans leurs cabanes, ils deviendroient les maîtres des autres hommes; la crainte des armes à feu et des tourmens dont on les menaçait les obligeoit de faire ce qu'on souhaitoit d'eux.

Ces peuples encherissent sur les autres sauvages, pour les tourmens qu'ils font souffrir à leurs prisonniers; ils les rendent et plus longs et plus violens étant des cinq à six jours à brusler un homme.

Ils ont le même esprit à present et la même politique qu'ils avoient autre fois, mais les autres nations se sont aguerries et ne les craignent plus comme par le passé.

Je suis, M[r], etc.

LETTRE LXXVIe

DES CONSEILS DES IROQUOIS

Mr,

Les Iroquois sont les sauvages les plus politiques de ce continent, ils ne résolvent rien sans une mure deliberation et sans avoir consulté longtems ensemble sur tous les biens et les inconveniens qui peuvent arriver de ce qu'ils entreprennent. Pour cet effet ils assemblent conseil sur conseil.

Celuy qui a quelque proposition à faire ou quelque nouvelle à dire commence par assembler les anciens de sa famille, et si c'est quelque chose qui regarde les guerriers, on fait entrer un capitaine ou deux de cette même famille pour estre temoin de ce qui est proposé ; chacun y donne son avis, et ils voient entre eux, si la chose mérite d'estre communiquée au reste du village ; en ce cas il faut avertir tous les anciens auxquels ils proposent l'affaire par un collier, et puis ils se retirent afin de les laisser raisonner sans contrainte sur ce qui leur a été proposé : si dans la decision ils jugent à propos d'en donner avis aux autres villages, ils deputent un ou deux des principaux de chaque famille qui vont communiquer leurs projets par des colliers ; le conseil s'assemble ensuite à Onontagué où les anciens des villages se rendent.

Il y a des femmes parmy ces sauvages qui assistent à ces conseils, et qui y donnent leur voix.

Ils n'y decident pas sur l'heure à moins que ce ne soit une affaire bien pressée ; ils sont ordinairement plusieurs jours, mais le tout se passe sans altercation de part et d'autre quoyqu'ils soient d'avis differens ; quand cela arrive les orateurs qui sont des anciens qui portent les paroles de chaque village tâchent par leurs discours de les ramener tous au même sentiment, leur représentent que c'est l'union qui a toujours été entre eux qui les a rendus maîtres de leurs voisins et la terreur des autres nations, et qu'ainsy il faut perseverer dans cette union qui leur a toujours été si favorable.

A la fin, à force de conseils et de colliers qu'on donne, ils reviennent tous au même sentiment ; s'il se trouve cependant quelque chef entêté qui veüille entreprendre une guerre que les anciens n'ont pas jugé à propos, ils savent fort bien s'en defaire et obligent son plus proche parent de le tuer parce que c'est luy qui devroit venger sa mort.

Ces conseils se passent plus secretement parmy ces sauvages, quand ils veulent entreprendre la guerre contre quelque nation. Quand elle est resoluë, ces anciens font une assemblée où les chefs de guerre sont appelés ; un orateur les harangue et leur dit qu'il faut faire la guerre à une telle nation qui les a insultés. Comme tous les Iroquois aiment fort la guerre et à tuer des hommes, et que les chefs sont avides de gloire, ces anciens n'ont pas de peine à obtenir ce qu'ils souhaitent.

La guerre se chante aussitost dans tous les villages ;

le party est levé et bien tost en campagne, mais malheur à ceux qu'ils rencontrent en leur chemin et qui tombent en leurs mains, car ils tuent ou font prisonniers tous ceux qu'ils trouvent, amis ou ennemis.

Je suis, Mr, etc.

LETTRE LXXVIIe

DE LA VENGEANCE QUE LES IROQUOIS TIRENT DE LEURS MORTS ; DE LA MANIERE DONT ILS LES ENTERRENT, ET DES AUTRES COUTUMES QU'ILS PRATIQUENT

Mr,

Ces sauvages Iroquois, comme je vous ay marqué par ma dernière lettre, n'entreprennent point de guerre sans une mûre deliberation, et s'ils veulent venger la mort de quelques uns de leurs parens, c'est sur des nations si éloignées d'eux qu'elles ne peuvent, quand elles le voudroient, leur faire la guerre.

C'est un usage parmy eux d'aller venger les morts ; il ne leur importe s'ils ont été tuez en guerre ou si la maladie les a fait mourir dans leurs cabanes. Une femme qui aura perdu son fils ou son mary donne un collier à un guerrier qui a été leur amy, le priant de vouloir tirer vengeance de la mort ; ces colliers ne se refusent point faisant honneur à celuy qui les reçoit, lequel a soin de lever un party ; il envoye même quelquefois des colliers aux autres villages pour inviter d'autres guerriers de se joindre à luy. Quand ils sont assemblés, ils chantent la guerre qu'ils vont faire à plus de trois et quatre cent lieuës de chez eux, et quand ils amènent quelques prisonniers, ils en donnent un pour remplacer le deffunt.

Ils enterrent leurs morts dans un endroit proche de leur village, ils enveloppent leurs corps d'une couverture avec tout ce qui leur appartient dans de l'écorce, ils en mettent encore par dessus, les couvrent de terre et font une espece de petite tombe de pieux au dessus de leur sepulture. Quand il y a quelqu'un de mort dans une cabane, toutes les femmes du village y vont pleurer avec celle qui a perdu son mary ou son fils ; ces visites durent pendant un mois ou six semaines et on y pleure veritablement.

Quand c'est quelque chef considerable qui est mort, cette nouvelle est bientost sceüe des autres villages lesquels d'un commun accord envoient des deputés chargés de presens pour le couvrir ; ils arrivent dans le village d'une maniere fort triste et font des cris qui marquent la douleur qu'ils ressentent ; on les fait entrer dans la cabane où on leur fait festin et où un ancien les remercie de la part qu'ils ont prise à la perte qu'ils ont faite.

Cette ceremonie finie, à quelque tems de là on en commence une autre, on cherche dans la famille quelqu'un pour prendre le nom du deffunt ; quand la chose est decidée, deux anciens de la famille vont le notifier par colliers aux autres villages.

Les hommes distingués meurent parmy ces sauvages

comme parmy les autres hommes, mais leur nom ne
meurt jamais.

Ces sauvages font tous les ans ou tous les dix huit
mois des festins de morts; c'est de la sagamité bien
épaisse qu'ils vont manger auprès des tombes de leurs
parens.

Je suis, M^r, etc.

LETTRE LXXVIIIe

DES BONNES ET MAUVAISES QUALITÉS DES IROQUOIS

M^r,

Les Iroquois qui feroient bien, les cinq nations rassemblées, le nombre de mille à onze cents guerriers,
sont sans contredit ceux de tous les sauvages de ce
continent qui se gouvernent avec le plus de sagesse
et de politique; les anciens sont les maîtres de la jeunesse qui execute leur volonté, soit pour aller à la
decouverte ou en party, soit pour porter des nouvelles
d'un village à l'autre; ces peuples n'exercent cependant aucune punition entre eux qui puisse les obliger
à faire quelque chose contre leur gré.

Ils ont de l'esprit et la memoire très bonne; ils
s'appliquent beaucoup à raconter les choses passées
afin de ne les point oublier, ils en entretiennent toujours les jeunes gens et leur vantent les belles actions

qui ont été faites par les gens de leur nation, les exhortant à les imiter.

Ils ont l'hospitalité en recommandation; quand ils rencontrent un étranger qui manque de vivres, ils se font un plaisir de luy donner ce qu'ils ont de meilleur, et arrêtent à leur cabane ceux qui y passent afin de pouvoir les y bien regaler.

Si ces sauvages ont quelque bonne qualité, ils en ont aussi bien de mauvaises. L'yvrognerie à laquelle ils sont adonnés les rend capables de tous les vices; c'est alors qu'ils se poignardent les uns les autres et même en tuënt qui ne sont point pris de boisson comme eux; un sauvage yvre dit à un autre qui ne l'est point : je viens pour te tuer. Celuy qui n'a point bû baisse la teste et attend avec une patience qu'on ne peut concevoir le coup de mort dont il est menacé : quand ce malheur arrive, cet yvrogne en est quitte pour dire qu'il n'avoit point d'esprit et que la boisson luy avoit osté la raison. Les familles interessées tant d'une part que de l'autre travaillent à accommoder cette affaire et souvent le meurtrier se retire du village de peur qu'on ne luy en fasse autant. On ne s'accorde jamais qu'on ne donne un prisonnier à la place du mort; il se trouve par ce moyen obligé de lever un party de guerre pour faire un prisonnier.

Je suis, Mr, etc.

LETTRE LXXIXe

DES MARIAGES DES IROQUOIS ET DES JONGLEURS

Mr,

Les sauvages Iroquois ont en horreur les personnes qui volent et même en font une severe justice.

Ils n'aiment point les menteurs; cependant il n'y a pas de pays au monde où on mente davantage que dans le leur.

Les filles debauchées n'y trouvent point à se marier, cependant il ne s'en trouve point de sage, si bien qu'on peut dire de ces peuples qu'ils aiment la vertu sans la pratiquer.

Les parens ne se mêlent point chez eux comme parmy les autres nations des mariages; c'est le garçon qui demande à la fille si elle veut de luy, luy promettant en même tems de luy faire un certain present; quand ils sont d'accord, il va loger dans sa cabane, et le mariage est fait.

Ils n'ont qu'une femme comme les Hurons, mais ils en changent quand ils veulent, ils en louënt même pour un espace de tems quand ils n'en ont point.

Un homme qui va en chasse, dont la femme est malade ou qui n'en a point, propose à une autre femme de venir avec luy, et qu'ils partageront ensemble la chasse qu'il fera. Le marché conclu, ils partent, vivant comme mary et femme pendant tout l'hiver, et se

quittent au retour du voyage avec des grandes honnes-
tetés de part et d'autre ; quand l'homme en est content
il luy fait quelques petits presens en outre de la part
qu'elle doit avoir.

Presque toutes les femmes sont très debauchées ;
elles ne courent aucun risque avec ces sauvages sinon
d'estre abandonnées de leurs maris qui en prennent
d'autres, qui ne sont pas plus sages.

Elles s'empoisonnent comme les Huronnes. Les
jeunes Iroquois courent quelquefois deguisés dans
leurs villages et entrent dans les cabanes ; ils se font
un plaisir de n'estre point reconnus et portent des
masques de bois sur le visage.

Il y a parmy cette nation des jongleurs comme
parmy les autres qui leur servent de médecins ; ils
y ont recours aussitost qu'ils sont malades et prient
le jongleur qu'ils choisissent de leur dire la cause de
leur mal. Aussitost ce devin entre dans une furie où
il fait toutes sortes de contorsions, contrefait le cry
de plusieurs animaux, chante continuellement et crie
quelquefois comme si on le battoit bien fort ; enfin
lassé de faire toutes ces folies, il sort et dit au malade
qu'il scait celuy ou celle qui l'a ensorcelé. Aussitost les
anciens ou les guerriers de cette famille font venir les
accusés et leur demandent la raison pourquoy ils ont
jetté de la mauvaise médecine sur leurs parents ; si
l'accusé n'a pas l'esprit de se deffendre, il est assuré
d'avoir la teste cassée. Voila ce que produit ce faux
magicien qui est souvent cause de la ruine de toute
une famille.

Les anciens se servent quelque fois de ces jongleurs

pour faire perir des personnes dont la vie ne convient point aux interests de leur nation.

Quand ils n'accusent personne d'avoir causé la maladie, ils donnent quelques poudres au malade et font des danses de garçons et de filles, le font passer plusieurs fois sur le feu, et le sucent avec des hurlemens epouvantables; il faut que ce moribond fasse toutes les figures qu'ils veulent, et au lieu de le guérir comme ils prétendent, ils avancent ordinairement sa mort.

Je suis, Mr, etc.

LETTRE LXXXe

DE LA RELIGION DES IROQUOIS

Mr,

Ces sauvages Iroquois adorent le soleil, et c'est à luy qu'ils s'adressent tant pour la chasse que pour la guerre; ils n'entreprennent jamais rien sans avoir donné auparavant à fumer à cet astre, le priant de dissiper tous les nuages qui l'environnent, ce qu'ils croient estre un presage assuré pour eux de réussir quand ils voient qu'il s'éclaircit. Ils ont d'autres divinités, ils disent que celles qu'ils appellent *Taraichiaouagou* et *Agreské* (*sic*) sont maîtresses de leurs vies; c'est cette dernière que les jongleurs invoquent pour guérir leurs malades.

17

Ils parlent du songe comme d'un Dieu, croyant que c'est par luy qu'ils connoissent les volontés de leurs divinités et ce qui leur est nécessaire pour leur conservation.

Ils s'imaginent que c'est un dieu qu'ils appellent *Agalkouchoua* (*sic*) qui leur parle pendant le sommeil, et qui leur commande de faire exactement tout ce qu'ils ont revés. A l'égard des objets qu'ils voient en ce tems, ils croient que l'âme quitte le corps quand il est endormy et va les chercher aux lieux où ils sont.

Ils parlent du deluge, disent que toute la terre a été couverte d'eau, ce qui fit périr tous les hommes et les animaux, qu'après que la pluye fut passée et les eaux un peu diminuées, il tomba une femme du ciel, qu'une tortuë la receut sur son dos et qu'avec ses pattes elle amassa de la terre pour former une petite isle où elle la mit et où elle accoucha d'un garçon et d'une fille d'où leur nation est venuë ; que les eaux diminuant tous les jours, la terre se decouvrit, et que le fils de cette femme qui étoit extrêmement fort fut lever une roche qui bouchoit une caverne dont tous les animaux sortirent.

Je suis, Mr, etc.

LETTRE LXXXIe

DU PAYS DES IROQUOIS

Mr,

Quoy que le pays des Iroquois soit presque tout
remply de montagnes, les terres ne laissent pas d'y
estre bonnes, et le bled d'Inde que ces sauvages
cultivent y vient parfaitement bien ; les arbres y sont
d'une grosseur prodigieuse ; le chatenier y est plus gros
que celuy d'Europe, mais le fruit en est plus petit ;
il s'y trouve des pêches sauvages, des meuriers rouges
et blancs, des noyers de plusieurs sortes dont il y en
a qui rapportent des fruits aussy bons qu'en France,
mais il n'y en a pas beaucoup ; ces sauvages les coupent
par le pied pour en avoir le fruit.

Il y a aussy de la vigne, des pommiers et des pruniers de plusieurs especes ; mais les fruits n'en valent
rien. Ces terres sont entrecoupées de petites rivières
et de lacs dont le poisson qui est abondant sert à la
subsistance de ces sauvages plus de quatre mois de
l'année.

Ils ne se servent pour naviguer que de canots
d'ecorce d'orme.

Il y a assés d'animaux, comme orignaux, cerfs,
chevreüils, ours, castors, loups cerviers, martes,
pecans, visons, loutres, rats de bois, rats musqués et
chevreuls de differentes sortes ; il y en a de noirs qui

sont beaucoup plus gros que les autres et qui sont fort estimés chez ces peuples.

Il y a beaucoup de gibier de terre et de riviere, mais surtout les tourtres leur sont d'un grand secours par la quantité qu'ils en prennent avec des filets qu'ils tendent dans leur passée, s'en nourrissant pendant plus de deux mois.

Il se trouve en quelque endroit des lapins, mais il y en a peu.

Je suis, Mr, etc.

LETTRE LXXXIIᵉ

DES SAUVAGES ABÉNAQUIS ET DES QUATRE VILLAGES
QU'ILS ONT A L'ACCADIE

Mr,

Les sauvages Abénaquis sont separés en six villages dont il y en a quatre à l'Accadie qui sont Nanrantsouak, Panoüamké, Pesmonquoady, et Medockeck, et deux établis en cette colonie.

Les deux premiers villages qui sont à l'Accadie, sont entierement d'Abénakis, et les deux autres d'Abénaquis et d'Amalécites. Ces derniers composaient autrefois une nation dont la plus grande partie est presentement jointe avec l'Abénakise, et n'en fait plus qu'une. Ces quatre villages font au moins 350 guerriers.

Nanrantsouak est à 40 lieuës du bord de la mer, et à trente lieuës des terres des Anglois[1]; il est situé sur la rivière de Kennebec qui est fort poissonneuse pendant toute l'année.

Panoüamké[2] est à environ 18 lieuës du bord de la mer, et à 70 lieuës des Anglois : il est situé sur la riviere de Pentagouët qui est très abondante en poissons.

Pesmonquoady est situé sur le bord de la mer à 40 lieuës de Panoüamké; et Medockeck[3] qui est eloigné de 40 lieuës de la mer et d'autant de Pesmonquoady est sur le bord de la riviere Saint-Jean qui est aussy fort poissonneuse.

Le terrain que ces sauvages habitent est beau; les terres y sont bonnes, il y a les mêmes arbres et les mêmes animaux qu'en ce pays. La neige commence à y tomber au mois de décembre, et finit vers le 15 avril.

Malgré ces bonnes terres, ils ne vivoient autrefois que de chasse et de pesche, ils cultivent à present des bleds d'Inde.

La premiere éducation qu'ils donnent à leurs enfans, c'est de les instruire à la chasse; quand un jeune garçon a tué un oiseau tel petit qu'il soit, son père le

---

[1] C'est dans ce village que le P. Sébastien Rasles établit la mission de Nanrantsouak vers la fin du xviie siècle. Elle fut détruite en 1724 par les Anglais, qui assassinèrent le missionnaire le 23 août.

[2] Cette mission fut fondée vers la même époque que celle de Nanrantsouak par le P. Vincent Bigot, qui la confia, à son départ, au P. Joseph de la Chasse. On l'appelait mission de Pentagoët.

[3] La mission de Medockeck, établie en 1701 par le P. Aubery, fut desservie, de 1709 à 1731, par le P. Jean-Baptiste Loyard.

louë devant tout le village, fait un festin en réjoüissance de ce qu'il promet d'estre un jour bon chasseur ; ces loüanges et ces festins donnent à tous les enfans l'envie de devenir adroits à la chasse ; à l'égard de la pesche elle est très facile, le poisson étant en grande abondance.

Ces sauvages partagent entr'eux les endroits de chasse ; chaque chef de famille a une riviere où il va la faire, et où un homme d'une autre famille n'oseroit aller chasser à moins qu'il ne veuille qu'on l'accuse de larcin auquel il faut qu'il satisfasse s'il en est convaincu.

Je suis, Mr, etc.

LETTRE LXXXIIIe

DES MARIAGES DES ABÉNAQUIS ET DE LA MANIERE DONT ILS ESSUYENT LES LARMES

Mr,

Les mariages se font parmy les Abénaquis comme parmy [les autres sauvages ; ce sont les parents du garçon qui font les premiers pas et qui portent les presens pour obtenir la fille. Quand les parens la veulent bien donner en mariage, le garçon quitte la cabane de son père et va loger dans celle de sa femme, où il est obligé de porter tout le produit de sa chasse pour y faire subsister ceux qui y demeurent; il ne peut jamais disposer de la chair des animaux qu'il tuë, mais à l'egard des peaux, il en devient le maître quand il a des enfans.

Ces sauvages ont plusieurs femmes, et c'est ordinairement toutes les sœurs qu'ils épousent, ils les abandonnent souvent pour en prendre d'autres; en ce cas ils n'emportent de la cabane que leurs armes, et les femmes restent chargées des enfans, elles n'ont pas le même privilege que leurs maris ne pouvant les abandonner et il faut qu'elles souffrent leur mauvaise humeur.

Ils pleurent et portent le deüil de leurs morts, et il finit par un festin qui se donne par un parent ou par un sauvage d'une autre famille pour essuyer les larmes, et dans lequel on coupe avec ceremonie les cheveux des plus proches parens qu'ils ont laissé croistre pour marque de leur douleur.

Le souvenir des presens qui se font quand on essuye les larmes ne se perd jamais, et la famille de ceux qui les ont faits a droit d'en exiger la valeur ou des presens équivalens de l'autre famille pour quelqu'un de ses morts par une semblable ceremonie.

Celuy a qui on essuye les larmes après la ceremonie du festin qui est toujours considerable à la maniere sauvage par la quantité de chaudieres pleines de sagamité, de petit bled d'Inde bouilly avec de la viande, de viandes separées en petits paquets pour chacun des conviés, fait un autre festin aux hommes guerriers de quelques chiens qu'ils envoyent tuer par des jeunes gens; il arrive même quelque fois qu'on met un chien bien lié par les jambes au milieu de la cabane, afin que quelqu'un de ceux qui dansent, ayant une hâche à la main, luy casse la teste sans sortir de la cadence ; et ensuite les jeunes gens l'enlevent pour l'aller faire griller dans le village et le preparer comme on fait un cochon ; ils le mettent ensuite dans la chaudiere après l'avoir depecé.

Je suis, Mr, etc.

LETTRE LXXXIVe

DE LA MANIERE DONT LES ABÉNAQUIS LÈVENT UN PARTY DE GUERRE

Mr,

Les sauvages Abénaquis sont bons guerriers et aiment la guerre ; quand ils l'ont resolue et qu'ils sont convenus du nombre d'hommes dont ils ont besoin pour l'execution de leur dessein, un chef fait un grand festin ; on met dans la chaudiere un chien qui est une viande destinée à manger aux guerriers, chacun d'eux dit sa chanson dans laquelle il explique son dessein, et s'il veut estre du party, il plante une buchette dans les cendres du foyer qui est au milieu de la cabane ; après que les chansons et les danses sont finies, ce chef prend toutes les buchettes, les compte, appelle par leur nom ceux qui les ont données, il les leur fait même reconnoître afin qu'ils ne puissent pas s'en dédire.

Quand ils sont prests à marcher ils prennent un ou plusieurs chiens auxquels ils cassent la tête en haine de leurs ennemis, prétendant par là faire connoître le mepris qu'ils font d'eux, et qu'ils leur osteront la vie comme ils viennent de faire à ces animaux.

Ils se servent ainsy que les Miquemacs et Gaspésiens dont je vais vous parler, de canots d'écorce de bouleau, et ont aussy bien qu'eux à peu près les mêmes coutumes et superstitions que les sauvages errans, quoy qu'ils ne soient pas si fort attachés à leurs reves.

Ils sont à present tous baptisés, paroissent fort attachés à la prière et ont des missionnaires qui desservent les quatre villages dont je vous ay parlé[1].

Je suis, Mr, etc.

---

[1] Voir la lettre LXXXIIe.

LETTRE LXXXVe

DU PORT ROYAL ET DE L'ACCADIE

Mr,

Le Port Royal[1], appartenant à Sa Majesté dans lequel elle entretient un état-major et quatre compagnies de cinquante hommes chacune, est scitué dans la peninsule de l'Accadie par les 45 degrés et demy de latitude.

C'est un port de mer, et auparavant d'y arriver on entre dans un bassin dont l'entrée est large environ de cent pas. Ce fort est construit à trois lieuës de cette entrée et sur une petite riviere dans laquelle les plus gros bâtimens montent jusques sous les batteries; il est d'une bonne deffense quoy que de terre, et renferme les maisons des officiers, les casernes des soldats et les magasins du roy; c'est au pied de ce fort que sont bâties les maisons des bourgeois.

---

[1] C'est au printemps de 1605 que Pierre de Guast, sieur de Monts, s'installa à Port-Royal, magnifique bassin que Champlain avait découvert et auquel il avait donné ce nom de *Port-Royal*. (Voir dans *Les jésuites et la Nouvelle-France* les débuts de cet établissement, t. I, chapitre préliminaire.) Les jésuites furent les premiers religieux qui s'établirent à Port-Royal (1611); et, tout en donnant leurs soins aux colons français, ils s'occupèrent de la conversion des *Micmacs* ou *Souriquois;* mais ils ne restèrent pas longtemps dans la presqu'île acadienne. En mars 1613, ils se rendirent à l'entrée de la rivière de Pentagoët, à l'île des *Monts-Déserts,* où ils furent pris avec les colons du capitaine de la Saussaye par le pirate anglais Argall, et de là conduits en Angleterre, puis en France (*ibid.*).

Il n'y a pas plus de trois cent vingt habitans au Port Royal, aux Mines, à Beaubassin, et à Cobeguit[1]; il paroit que c'est peu de monde par rapport aux terres et aux pesches qu'il y auroit à faire valoir en ce lieu, mais la guerre continuelle que les Anglois y ont toujours faite est cause de son peu d'augmentation.

Les terres, les bois et les animaux sont à peu près les mêmes qu'en ce pays, mais la neige y reste moins sur la terre.

Je suis, Mr, etc.

[1] Au commencement de l'épiscopat de Mgr de Saint-Vallier, nous trouvons les prêtres de Saint-Sulpice en Acadie : M. Geoffroy, à Port-Royal ; MM. Trouvé et Beaudoin, à Beaubassin. En 1690, les Anglais interrompent les travaux apostoliques de ces missionnaires. M. Geoffroy se retire à Québec ; M. Trouvé, fait prisonnier puis remis en liberté, rentre dans sa paroisse, où il meurt en 1704 ; M. Beaudoin revient aussi à Beaubassin après en avoir été quelque temps éloigné, et y meurt bientôt de fatigue. En 1706, les prêtres de Saint-Sulpice sont remplacés par MM. Pelmenaud et Gaulin, prêtres des Missions étrangères.

LETTRE LXXXVIe

DES MIKEMACS ET GASPÉSIENS ET DE LA RAISON POURQUOY LES SAUVAGES SE MATTACHENT QUAND ILS VONT EN GUERRE

Mr,

Les Mikemacs et Gaspésiens ne sont qu'une même nation; ils sont établis sur les côtes de l'Accadie, sur celles du golfe et sur celles du fleuve de Saint-Laurent, depuis Pesmonquoady où il y a quelques Amalécites joints avec eux jusques à la riviere du Loup qui tombe dans le fleuve Saint-Laurent; ils habitent pendant l'été le bord des côtes pour y vivre de gibier et de poisson qui y est en abondance; ils entrent l'hiver dans les terres et y subsistent de la chasse et de la pesche qu'ils font dans les lacs.

Ces sauvages n'aiment pas beaucoup la guerre, et ils ont les mêmes coutumes que les autres quand ils la font, et se mattachent comme eux; la raison qu'ils ont pour se couvrir le visage de couleur est très bonne selon eux. Ils disent qu'elle cache la peur que plusieurs ressentent quand ils se battent; que si on voyait leur visage, la crainte qui y paroîtroit intimideroit les plus braves; au lieu que cela ne paroissant pas, tout le monde reste dans l'action, et que même celuy qui a peur et qui est seur qu'on n'a pu connoistre son manque de courage, se raffermit peu à peu, et souvent devient tout d'un coup brave; voila la raison pourquoy tous les sauvages se mattachent, disant seulement que c'est pour faire plus de peur à leurs ennemis.

Ils pourroient faire, s'ils étoient tous rassemblés, cinq à six cent guerriers.

Les mariages chez ces peuples ne se font pas si aisement que chez les autres nations.

Quand un père a promis sa fille, il faut que celuy qui doit estre son gendre vienne demeurer pendant un an ou deux dans sa cabane, suivant la convention qu'ils ont faite ensemble; pendant ce tems toute la chasse qu'il peut faire appartient aux parens de celle qui doit estre sa femme; le mariage fait, il n'en peut pas disposer qu'il n'ait eu des enfants, tems auquel il en devient le maître et va bâtir une nouvelle cabane.

Ils ont une coutume au sujet de leurs morts qui leur est particuliere; ils construisent des cabanes exprès pour les conserver, lesquelles sont les plus solides, et à l'epreuve de la pluye. Ils leurs ostent entierement tous les os et les font dessecher, ils les entourent après d'une peau d'orignal passée et d'ecorce par dessus, et les posent sur la terre dans cette cabane l'un après l'autre avec leur arc, leurs fleches, chaudieres, bled d'Inde et tabac, et couvrent ensuite tous ces corps d'autres peaux d'orignaux. Ces cabanes sont ordinairement baties à une lieuë ou deux du village dans le bois, et sont communes à tous ces sauvages, excepté aux chefs qui en ont de particulières pour leurs familles.

Quand quelques uns de leurs parens sont morts, ils

portent le deüil pendant un an ; ce deüil pour les hommes consiste à se couper les cheveux, et pour les femmes à les laisser eparts et à se mattacher les uns et les autres de noir.

Je suis, Mr, etc.

LETTRE LXXXVIIe

DE LA RELIGION DES SAUVAGES MIKEMACS

Mr,

Ces sauvages Mikemacs adorent le soleil et la lune, disant que c'est le bon esprit ; ils adorent aussy le diable qui est leur manitou, et qu'ils connoissent pour estre le mauvais esprit ; mais ils disent qu'il faut le prier, parce qu'il a du pouvoir et qu'il peut leur faire du mal ; si on veut les en croire, il leur apparoit souvent et les maltraitte quelquefois beaucoup ; ils jonglent, dansent comme les autres sauvages et sont fort adonnés à leurs reves.

Ils parlent du deluge, disant que toute la terre fut couverte d'eau, qu'un homme et une femme de leur nation se sauverent dans un canot ; qu'après que la pluye fut passée, le castor voulut élever un monceau de terre pour gagner au dessus de l'eau, mais qu'avant d'avoir finy son travail il se noya ; que le rat musqué le reprit et en vint à bout, puis qu'il forma une petite isle sur laquelle cet homme et cette femme d'où ils estoient venus debarquerent, et que cette isle augmentant tous les jours forma ce que nous voyons de terre qui n'est point couverte d'eau.

Ils ont deux missionnaires[1] qui ont soin de les instruire à la foy à laquelle ils paroissent assés portés, celuy qui demeure à Miramichy entre la baye des Chaleurs et Beaubassin a soin de ceux qui habitent toute la côte qui regarde le golfe Saint-Laurent et le côté du sud de ce fleuve, et l'autre qui reside au cap Sablé entre le Port Royal et le cap Breton est chargé de l'instruction de tous ceux qui demeurent le long de la coste de l'Accadie du côté de la mer. Si on en croit ces sauvages, c'est dans le tems qu'ils ont eu les premiers missionnaires que le diable s'apparoissoit le plus souvent à eux, qu'il leur disoit de ne point croire ce qu'on leur préchoit et de ne point changer, qu'ils n'avoient rien à craindre tant qu'ils le reconnoîtroient pour leur manitou, puisque après leur mort ils iroient dans un pays delicieux où le poisson, la viande et le tabac seroient en abondance, et qu'après avoir été dans ce beau sejour, il leur feroit reprendre de nouveaux corps et qu'ils viendroient habiter la terre avec leurs parens; ils pretendent aussy que quand ils s'etoient fait baptiser, le diable les battoit et les tourmentoit beaucoup.

Nous tenons d'eux un remede seur pour la bruslure, qui en ôte absolument la douleur; il faut se frotter la

---

[1] Nous avons nommé plus haut, lettre LXXXV°, ces deux missionnaires, prêtres des Missions étrangères : MM. Pelmenaud et Gaulin.

partie bruslée de graisse et mettre ensuite dessus un certain duvet qui se trouve l'automne au haut de la tige des roseaux, qui est gris par dessus et blanc par dedans; on l'appelle des *matilats (sic)*, il en faut changer toutes les vingt quatre heures.

Je suis, Mr, etc.

LETTRE LXXXVIIIe

DU FORT LOUIS DE PLAISANCE ET DES SAUVAGES ROUGES

Mr,

Le fort Louis de Plaisance appartenant à Sa Majesté dans lequel elle entretient un estat major et trois compagnies de 30 hommes chacune, est situé dans l'isle de Terre-Neuve par les 47 degrés de latitude; c'est en cet endroit où presque tous les navires françois vont faire la pesche en tems de guerre, il est bien fortifié et pour ainsy dire imprenable; la grave y est très grande, et peut fournir aux chaloupes d'une infinité de navires.

Les Anglois possèdent aussy dans cette isle plusieurs postes de pesches; le fort Saint-Jean est considérable, il est éloigné de Plaisance par les terres de 30 à 40 lieuës en allant plus au nord, et vers le détroit de Belle-Isle. On trouve dans cette isle le petit Nord où les Maloins vont faire la pesche.

C'est vers cet endroit qu'habitent des sauvages que nous appelons des rouges parce qu'ils sont mattachés de cette couleur depuis les pieds jusqu'à la teste; si tost qu'ils voient un Européen, ils prennent la fuite et on ne peut les joindre.

Ils se servent de canots d'ecorce de bouleau et leurs cabanes sont faites comme celles des autres sauvages; mais avec plus de solidité, car toutes les traverses sont clouées et liées d'un fil caret; les chaloupes des pescheurs qu'ils pillent et qu'ils bruslent les fournissent de cloux et de ce fil.

Ils font des troüs en terre pour se coucher, et de la manière dont ils sont faits, il faut qu'ils y reposent ayant le corps à peu près tourné comme les chiens l'ont quand ils dorment.

L'isle de Terre-Neuve n'est composée que de roches et de rochers pelés dont les uns sont couverts de mousse et les autres d'eau; il y a très peu de terres et de bois, ce ne sont que de petits sapins dans la plus grande partie de l'isle; il y a des caribous en quantité, des ours blancs, du castor, des loutres, des martes, loups cerviers et renards, mais en petit nombre. Il y a aussy des lievres et des perdrix.

Les Esquimaux sont les premiers sauvages dont je vous ay parlé. Me voila apres avoir fait le tour de tout ce grand continent, revenu au detroit de Belle-Isle où ils habitent; il ne me reste plus qu'à vous entretenir des missions des sauvages qui sont établies dans cette colonie.

Comme tous ceux qui y habitent, excepté les Nepis-siriens, font partie des sauvages dont je vous ay deja ecrit les coutumes, je ne vous le repeteray point.

Ces Nepissiriens viennent du nord et ont les mêmes coutumes des sauvages qui l'habitent.

Je suis, Mr, etc.

LETTRE LXXXIXe

DES MISSIONS DES SAUVAGES QUI SONT EN LA COLONIE DE CANADA

Mr,

Tous les villages des sauvages qui sont en cette colonie sont dans des forts entourés de pieux, excepté celuy des Hurons; il y réside toujours un et même deux missionnaires qui se donnent toutes les peines possibles pour faire vivre ces sauvages suivant notre religion, les instruire de nos mystères et leur faire abandonner l'yvrognerie qui est leur vice dominant.

Ils ont parfaitement bien réussy au sujet des Hurons qui habitent à quatre lieuës de Quebec du côté du nord du fleuve[1]; ce sont des sauvages obeissants et qui ne

---

[1] Notre-Dame-de-Lorette fut le dernier établissement de la nation huronne depuis sa dispersion. C'est là que se transportèrent les débris de cette malheureuse nation, après quelques années passées d'abord à Notre-Dame-de-Foye, puis à l'ancienne Lorette. Le grand apôtre de cette petite colonie fut le P. Joseph Chaumonot, qui mourut à Québec en 1693. En 1710, les PP. de Couvert et d'Avaugour avaient la direction spirituelle de ces sauvages.

boivent n'y eau de vie n'y vin n'y bierre. Il paroit bien surprenant que des sauvages dont une des plus grandes passions est de boire et de s'enyvrer se soient réduits à ne gouster jamais de boisson quoy qu'ils soient tous les jours en occasion de le faire, etant toujours avec nous et parmy nous dans cette ville où ils viennent vendre toutes les denrées qu'ils ont.

Ils cultivent le bled d'Inde comme les autres sauvages qui sont en cette colonie, mais ils sont meilleurs travailleurs qu'eux ; c'est de leur travail qu'ils font la vente de gibier, de poisson, de canots, d'avirons et gomme et enfin de tout ce qu'ils peuvent faire et dont le bon employ qu'ils font de leur argent les fait subsister sans être à charge à Sa Majesté ; ils sont au nombre de trente guerriers. On les appelle les sauvages de Lorette, la mission s'appellant de ce nom.

Les Abénaquis sont partagés en deux villages qui sont du côté du sud du fleuve. On appelle les uns Abénaquis de Becancourt parce qu'ils sont établis sur la seigneurie de Becancourt, et les autres Abénaquis de Saint-François, prenant le nom de la rivière sur le bord de laquelle ils sont.

Les premiers habitent sur les bords de la riviere *puante* vis à vis la ville des Trois Rivieres[1], et les autres sur celle de Saint-François[2], qui tombe dans

---

[1] C'est en 1700 que le P. Jacques Bigot aurait conduit à Bécancourt environ cinq cents Abénaquis (*Histoire des Abénaquis,* par l'abbé Maurault, p. 283 et 284). Déjà, dès 1680, un certain nombre d'Abénaquis s'étaient fixés en ce lieu. Le missionnaire le plus remarquable de cette mission fut le P. Eustache Le Sueur.

[2] D'après le même historien, le P. Jacques Bigot aurait également ment conduit, au commencement du xviiie siècle, un millier d'Abé-

le lac Saint-Pierre à neuf lieuës de cette même ville.

Ces deux villages peuvent faire ensemble le nombre de 250 guerriers.

Les Iroquois sont établis du côté du sud du fleuve à trois lieuës au dessous de la ville de Montréal et un peu au dessus du Sault de Saint-Louis ; on les appelle les sauvages du Sault[1] ; la plus grande partie sont des Aniés, et le reste des quatre autres nations Iroquoises. Ces sauvages peuvent faire ensemble le nombre de 190 guerriers ; il y a toujours une garnison de soldats dans leurs forts avec un officier qui y commande.

Il y a encore des Iroquois qui font village dans l'isle de Montréal avec les Algonquins. Ces premiers y sont les maîtres étant les plus nombreux et faisant le nombre de quarante guerriers au lieu que les derniers ne font que celuy de trente ; on les appelle les sauvages du *Sault au Recollet,* parce qu'ils sont établis au dessus de ce Sault sur le bord de la riviere des Prairies ; il y a un fort de pierre auprès de leur fort de pieux où logent leurs missionnaires[2].

naquis à Saint-François. Le P. Aubery fut pendant de longues années l'apôtre de cette colonie. Parmi les jésuites qui desservirent les deux missions de Bécancourt et de Saint-François, on trouve encore les PP. Lauvergeat, de la Chasse et Lafitau.

[1] C'est le Père Frémin qui fonda la mission de Saint-Louis-du-Saut vers la fin du xviie siècle, en faveur des Iroquois convertis. D'autres sauvages vinrent s'unir à eux. Avec ou après le P. Frémin, on trouve dans cette mission les PP. Bruyas, Chauchetière, Millet et Lagrenée. En 1710, le P. Julien Garnier administrait cette mission.

[2] Cette mission fut fondée et était desservie en 1710 par les prêtres de Saint-Sulpice.

Le village des sauvages Nipissingues, qui peuvent faire 50 guerriers, est situé dans l'*Isle aux Tourtes* qui est à neuf lieuës de la ville de Montréal[1]; ces sauvages ne cultivent que très peu de bled d'Inde.

Tous les sauvages dont je vous ay parlé appellent le gouverneur de ce pays Onontio; ce nom a été donné par les Iroquois à M. de Montmagny qui y a été gouverneur, à cause que leur missionnaire, auquel ils s'informerent de son nom, leur dit qu'il s'appeloit Montmagny, et que ce nom signifioit la grande montagne, si bien qu'ils luy donnèrent celuy d'Onontio, dont toutes les nations se sont servi pour ceux qui luy ont succédé. Quand ils veulent parler du roy, ils le nomment le grand Onontio.

Toutes ces missions sont conduites par les reverends Pères jesuites, excepté celles du Sault au Recollet et des Nipissingues, qui le sont par des prestres du seminaire de Montréal; et celles des Mikemacs et Gaspesiens qui le sont par un prestre du séminaire de Quebec et par un reverend Père recollet, aussi bien que celles du fort Frontenac et du fort Pontchartrain du detroit.

Le feu et la crainte d'être percés de flèches sont les risques que ces missionnaires courent; les Iroquois en ont bruslé; les Ilinois en ont attaché au poteau et percé de flèches; des yvrognes ou des sauvages qui font

---

[1] L'île aux Tourtes fut cédée par M. de Vaudreuil à M. de Breslay, sulpicien, qui y transporta ses néophytes nipissingues, réunis jadis par M. d'Urfé près de la baie qui porte son nom. Dans la suite, la mission de l'île aux Tourtes se fondit avec celle des Algonquins au lac des Deux-Montagnes.

semblant de l'être, viennent leur jetter des pierres dans le tems qu'ils vont avertir dans les villages pour la prière ; d'autres les chassent de leurs cabanes en les maltraittant quand ils viennent pour les instruire, vomissent mille blasphèmes, mille injures contre eux ; mais rien de tout cela ne les rebute, et ils font tout ce qu'ils peuvent pour les convertir.

FIN

APPROBATION

J'ay leü par ordre de Monsgr le Garde des Sceaux un manuscrit intitulé : *Relations par lettres de l'Amerique septentrionalle*. Comme l'autheur de ces lettres paroit avoir esté instruit par lui mesme des lieux, des mœurs et des coutumes qu'il descript, j'ai cru que l'on pouvoit en permettre l'impression. Fait ce vingt-cinq août mil sept cent vingt-cinq.

MOREAU DE MAUTOUR.

TABLE DES LETTRES

CONTENUES DANS LA PRÉSENTE RELATION

FIN DE LA TABLE

LETOUZEY ET ANÉ

17, RUE DU VIEUX-COLOMBIER, PARIS

ROCHEMONTEIX (le R. P. Camille de), S. J. — **Les Jésuites et la Nouvelle-France au XVIIe siècle,** d'après de nombreux documents inédits. 3 beaux volumes in-8° de 550 pages environ, ornés de cartes et portraits. Prix. . . . 22 fr. 50

Pour ne point embrasser dans toute leur étendue les annales ecclésiastiques de la Nouvelle-France, comme l'ont fait d'autres écrivains, pour s'être cantonné dans le xviie siècle, pour avoir dirigé ses recherches principalement sur les religieux de la Compagnie de Jésus, apôtres du Canada, l'auteur n'a cependant pas négligé l'histoire de la colonie française. « En écrivant l'Histoire de la Société de Jésus, dit-il dans l'*Introduction,* nous faisons aussi celle de la Colonie française, car la Société et la Colonie sont restées inséparables, mêlées l'une à l'autre, vivant l'une par l'autre et s'aidant mutuellement. Le clergé séculier, les communautés religieuses d'hommes et de femmes ont également une place dans ce travail ; ils ne pouvaient ne pas l'avoir. » Mais le titre de l'ouvrage en indique l'idée dominante.

Le P. de Rochemonteix a mis à contribution tout ce que les bibliothèques de France, tout ce que les archives générales et particulières de la Compagnie de Jésus ont pu fournir de documents.

Les documents qu'il a puisés à ces sources encore inexplorées lui ont permis de rectifier plus d'une erreur historique répandue dans les histoires et les biographies les plus connues de la Nouvelle-France. En particulier, il a dit, dans l'*Introduction,* le dernier mot sur la suppression des *Relations* en 1673.

Toutefois, cet ouvrage important n'est pas une œuvre de polémique. L'auteur se contente de raconter les faits, et il le fait avec un très grand luxe de *notes* et de *pièces justificatives* à l'appui de tout ce qu'il avance.

ZALENSKI (le P.), S. J. — **Les Jésuites de la Russie Blanche,** ouvrage traduit du polonais par le R. P. Alex. Vivier, de la même Compagnie. 2 beaux vol. in-8°.   12 fr. »»

L'histoire complète de la Compagnie de Jésus, depuis le bref de Clément XIV jusqu'à la bulle de Pie VII (1713-1814), n'avait pas encore été écrite. L'auteur, abondamment pourvu de documents authentiques, s'est bien acquitté de la tâche qu'il s'était imposée et a comblé cette regrettable lacune. Il a embrassé largement son sujet, et même le récit, non seulement jusqu'à 1814 ou 1812, mais jusqu'à 1875, année où il écrivait encore sous les yeux et comme sous la dictée des derniers survivants de la Russie Blanche.

30 309. — TOURS, IMPRIMERIE MAME

31309. — TOURS, IMPR. MAME

www.ingramcontent.com/pod-product-compliance
Lightning Source LLC
LaVergne TN
LVHW021941030726
842523LV00001B/248